影响孩子一生的国学典藏书系
青少版

中国名人故事

编 著：陈 玉

黑龙江美术出版社

图书在版编目（ＣＩＰ）数据

中国名人故事 / 陈玉编著. -- 哈尔滨：黑龙江美术出版社, 2013.1（2018.7重印）
（影响孩子一生的国学典藏书系）
ISBN 978-7-5318-3849-4

Ⅰ.①中… Ⅱ.①陈… Ⅲ.①名人－生平事迹－中国－青年读物②名人－生平事迹－中国－少年读物 Ⅳ.①K820-49

中国版本图书馆CIP数据核字(2013)第020454号

中国名人故事

编　　著/ 陈　玉
责任编辑/ 陈颖杰　于　澜
装帧设计/ 郭婧竹
出版发行/ 黑龙江美术出版社
地　　址/ 哈尔滨市道里区安定街225号
邮政编码/ 150016
发行电话/（0451）84270514
网　　址/ www.hljmscbs.com
经　　销/ 全国新华书店
印　　刷/ 北京一鑫印务有限责任公司
开　　本/ 720×1020　1/16
印　　张/ 10.5
字　　数/ 90千
版　　次/ 2013 年 1 月第 1 版
印　　次/ 2018 年 7 月第 2 次印刷
书　　号/ ISBN 978-7-5318-3849-4
定　　价/ 34.80元

前　言

　　凡可称经典者，必具备以下特质：第一，经由人类文化、文明史千锤百炼般检验后依然万古长存，深受一代代读者的垂青和热读；第二，不会因为社会政治、经济、文化环境的变迁而改变传播命运；第三，所蕴含的人生理念、美育观点、知识能量、人伦教理，永远是人类正能量取之不竭的源泉，即所谓的"源头活水"；第四，具有人类普世的价值内核。当然，经典有时会表现出那么一点点的不与时俱进，有时还会表现出那么一点点的非现代化，但是经典永远不会引领人类走向歧途。对于一个民族来说，没有经典文化的代代传播和代代阅读，这个民族就没有立足世界的根本；同样，没有经典的世界，也就妄谈人类文明。经典文化犹如快速奔跑、努力拼搏着的人类的老母亲，她会在你有些忘乎所以的狂热之时提醒你一句：放慢脚步，等一等你的灵魂。正因为如此，在人类现代化程度如此之高的21世纪，阅读经典的热潮才会一波高过一波，这是人类的希望所在。因为人类没有因为高科技带来的现代快节奏生活而忘记深情回望一眼自己的母亲，再聆听一下母亲那似乎有些老套但绝对本质的叮咛。

　　"少而好学，如日出之阳。"阅读经典从青少年开始，就会牢牢铸就孩子一生的营养健康基因。这种营养的投入，就像某种产品的间接成本，你说不上它作用于孩子未来的哪一个方面，但绝对是成就孩子理想健康人格和综合素质所必要的。

　　这套青少年版用眼镜蛇卡通形象为标识的经典文化书系，由三个系列组成，第一系列："影响孩子一生的国学典藏书系。"它荟萃了中华文化浩瀚海洋中的精华，从古老的《诗经》到浪漫的唐诗、宋词、元曲、明清小说，从经典的蒙学读物到诸子的智慧篇章，从充满想象力的神话故事到上下五千年的历史……可谓循序而进，万象毕集。第二系列："中国孩子必读的世界经典名著书系。"它汇集了世界经典文学读本，意在通过世界不同语言国家的经典名著的阅读，打开孩子观望世界的窗口，培养孩子博大的文化胸襟，融入世界的思维方式和情感趋向。毕竟，人类已经进入了地球村的时代，世界经济也正在走向一体化。第三系列："中国梦·青少年爱国励志篇。"它囊括了为国牺牲、献出年轻生命的英雄们的故事，刘胡兰、董存瑞、雷锋等人物形象历历在目，栩栩如生，旨在让青少年在阅读中重温过去，了解历史，感受革命与传统的震撼，感受红色浪潮的冲击，从而受到爱国主义、民族精神的教育。

　　最后须要强调的是，"经典"是一个开放的系统，因此本套"眼镜蛇经典文化书系"在现有诸多品类的基础上，还会不断增加新的内容，以满足青少年读者的阅读渴望。

编　者

目 录

孔子

　　孔子名丘，字仲尼，春秋时期鲁国人。他一生为人师表，传道授业，被后世誉为"至圣先师，万世师表"。他一生到处游说，广传仁政，是儒家学派的创始人，记录他言行及其思想的《论语》是我国极其重要的一部文学作品。孔子是中国历史上最为著名的文学家、思想家、教育家，他的学说及其思想对中国乃至全世界产生了深远的影响。

　　孔子在家排行第二，很小的时候父亲就过世了，孔子跟随母亲在保留了很多周朝礼仪的鲁国都城曲阜生活，日子虽然清贫却很简单快乐。小时候的孔子最喜欢做的游戏就是摆上各种祭品，模仿大人祭祀时的礼仪动作。十五岁的时候孔子一心向学，努力学习前辈的学说，很年轻就成为了一个博学的人。

孔子在二十几岁时，在鲁国当时的执政者季氏的手下做过两任小吏，第一任是仓库保管员，他工作很认真，出纳钱粮和计算都很精准，随后又出任主管营建的司空，他认真工作的好口碑，赢得了大家的喜爱。于是在南宫敬叔的推荐下，孔子得到了去周学礼的机会。也就在去周学礼的途中，他拜访了老子，这次拜访使他受益匪浅。从周归来，他门下的学生越来越多了。

孔子生活的春秋时期是一个混乱的时期，周王室的衰落使各诸侯国之间兵戈不断，争当霸主，到处战争四起，民不聊生，孔子看到这些不免痛心。他发现由于各个诸侯王不再遵守周朝的礼仪制度，大家不再维护"君君臣臣父父子子"的等级秩序，才使百姓生活在一个混乱无章的年代，所以他大力主张恢复周礼，恢复周王室的统治，维护社会的安定，这也成为他最主要的政治主张。

于是他驾起马车，带着一班学生周游列国十四年，向各个诸侯国国主游说，宣扬自己尊周礼、行仁政的政治主张。可惜的是他的政治主张过于温和，不符合当时每个妄想称霸的诸侯王的要求，诸侯王们都选择对他敬而远之，尊敬他却不重用他。这样的境遇使孔子大为无奈，却并没有使他消沉，他回到了鲁国，在洙泗之滨讲学，广收门人。

在当时，学校是由官府开办的，而有资格就读的大多是一些贵族子弟。孔子回到鲁国之后开办了私学，使平民的孩子也有受教育的机会，打破了贵族对教育的垄断。

　　孔子收徒不分门第贵贱，有教无类，并且因材施教。孔子教学设立了文行忠信四种科目，又严立了格物致知、诚意正心、修身齐家治国平天下等八个为学、立身、处事的大宗旨，更进而通习"礼乐射御书数"等六艺。

　　孔子教学分为：至于道，据于德，依于仁，游于艺，以德行为首，言语次之，政事又次之，文学为最末。孔子教学循循善诱，教授学生大多是从一问一答之中启迪学生发现真理。

　　有一次，孔子的学生子路问孔子："听到什么好的主张就去行动起来吗？"

　　孔子说："你有父亲兄长在，你怎么能听到就去实行呢，需要听听别人的意见呀！"

　　冉有也问孔子："听到什么好的主张就去行动起来吗？"

　　孔子说："应该听到后就去实行。"

　　侧立一旁的公西华不解地问孔子："子路

问是否闻而后行，先生就说有父兄在，要听其意见。冉有问是否闻而后行，先生说应该闻而即行，当机立断。我很不解，想请教先生一下。"

孔子说："冉有为人懦弱，所以要激励他的勇气。子路为人武断，所以我让他谦退。"

可以说孔子的教学理念和教学方法受到了学生的喜爱及人们的称赞。他的学生最多时有三千多人，非常出色的有七十二人，他们分别在各个领域取得了成功。

相传，孔子晚年曾修《诗》《书》，订《礼》《乐》，序《周易》，撰《春秋》，使得这些文化经典得以保存和流传下来。

孔子死于公元前479年，享年七十三岁。太史公司马迁在《史记》中如此评价孔子：孔子以一介布衣而流传十余世，凡是知识分子没有不以孔子为宗师的，孔子真的算是至高无上的圣人啊！可见其地位之高，思想影响之广。

屈原

屈原名平，字原，出身贵族，是楚武王熊通之子屈瑕的后代。他聪慧过人，品质高洁，从小就受到了良好的教育，才识过人，知识渊博，是楚国重要的政治家和思想家，同时他又是中国文学史上第一位名垂青史的爱国诗人，也是我国最早的浪漫主义诗人。

屈原所处的战国时代是一个纷乱的年代，各个诸侯国之间的兼并与战争愈发的激烈，主要存在的诸侯国有七个，其中秦国是最强大的国家。

秦国在商鞅变法之后，秦国的经济与军事

都得到了长足的发展，并且依靠雄厚的国力积极地向外扩张，妄图吞并其他六国，达到统一天下的目的。而这时屈原身在的楚国却由于君主的无能，政治的腐败而日渐衰落，徒有广阔的疆域与强壮的军队。

在这种情况下，楚怀王任命屈原为左徒，三闾大夫，经常同他商议国事，让他参与法律法规的制定。屈原主张改革政治，任能举贤，使法度章明，同时联合齐国抵抗秦国。可喜的是在屈原努力下，楚国的国力有所增强，并且屈原的这些主张也受到了百姓的拥护，但这些主张也使守旧贵族阶层的利益受到了损失。

有一次，屈原奉命修订法规，还没有完稿，上官大夫靳尚就想夺过去改写，但却遭到了性格耿直的屈原的拒绝。就这样，靳尚怀恨在心，寻找一切机会报复屈原，尽可能地在楚怀王面前说屈原的坏话，再加上怀王宠妃郑袖的谗言。

时间长了，楚怀王听信了他们，对于屈原的忠心有所怀疑，渐渐疏远了他。

秦昭王在即位的第二年，写信向楚王表明了和谈的愿望，和谈地点定在秦国武关，希望楚王亲自前往。身为三间大夫的屈原虽坚决反对，无奈楚怀王还是听信了靳尚和子兰的话，去了秦国，最终却被秦昭王囚禁至死。楚顷襄王成为了新任的国君，公子子兰做了令尹，他们每天吃喝玩乐，不务政事，屈原屡次劝阻，他们都很讨厌屈原，最终撤掉了他的三间大夫之职，将他放逐在汉北一带。

遭到流放的屈原，心中悲愤异常，面对着楚国日益衰弱、民不聊生的状况，他悲从中来，于是写诗来表达他的一腔爱国之情及拳拳赤子之心。他的诗句结合了楚国民间的歌谣以及他自身的经历，创造了一种新的诗体——楚辞，有《离骚》《九歌》《天问》等诗篇，在这些诗歌中他抒发了自己忧国忧民的情怀，也表现了坚定的爱国之情，感人肺腑又朗朗上口，其中《离骚》是最著名的一篇，文辞华美，情感真挚，寓意非凡，是浪漫主义文学之中的经典之作，对后世产生了深远的影响。

公元前278年，秦国军队攻陷了楚国的都城，屈原闻得此讯，悲痛至极，他不愿面对楚国的彻底沦陷，楚国百姓的流离失所，就在这一年的农历五月初五日，六十二岁的屈原自投汨罗江，结束了自己的生命。当地的百姓爱戴他，争相划船打捞他的尸体，仍然一无所获。为了不让鱼虾吃掉他的尸体，人们纷纷用苇叶包了糯米投入江中，每年皆如此。后来人们将这一天定为端午节，每年的这一天都会吃粽子，赛龙舟，渐渐地成了一种风俗保留了下来。

秦始皇

中国历史上第一个统一天下的皇帝是秦始皇嬴政，他刚即位的时候并非坐拥天下，而仅仅是秦国的国王。由于年幼，国政皆由相国吕不韦把持。公元前238年，二十二岁的嬴政开始亲自主持朝政，他重用李斯等人，将秦国大权紧握手中，并积极准备统一六国、吞并天下的大业。

秦始皇听取李斯进献的灭六国的建议，其总的战略方针是由近及远，集中力量，各个击破。从公元前230年到公元前221年，在十年的时间里先后兼并了韩、赵、魏、楚、燕、齐六国，结束了诸侯割据的局面，统一了中国，建立了中国历史上第一个统一的多民族的封建中央集权国家，国号为秦，定都咸阳。

春秋战国时期，各国诸侯都被称为"君"或"王"。而此时已经一统天下的秦王政，认为过去的这些称号都不足以显示自己的尊贵和功勋，为了显示自己是一个开天辟地最伟大的人物，他采用了"皇帝"这个称号，于是秦王政做了中国历史上第一个皇帝，自称"始皇帝"。他又规定：自己死后皇位传给子孙时，后继者沿称二世皇帝、三世皇帝，以至万世。

为了达到这个传万世的愿望，也为了更好地治理这个强大的国家，稳固自己的统治，秦始皇总结了六国灭亡的教训，决定再也不分封诸侯，而是采用李斯的建议，废除分封制，改行郡县制。把天下划分成三十六个郡，地方行政机构分郡、县两级。郡县主要官吏由中央任免，这些郡守直接由皇帝管辖，国家政务均由皇帝亲自处理，同时在中央采取三公九卿为主的中央政权的组织形式。设丞相、太尉、御史大夫，分别掌政事，掌军事，掌图籍秘书，监察百官。秦王朝建立的这套中央集权的政权机构，以后一直被历代王朝所仿效。而这些制度的确立，促进了全国的经济、文化的均衡发展，有利于巩固中央集权，稳定国家的统治。

在统一以前，各诸侯国的文字各不相同，同一个字有不同写法、读音，交流起来很不方便，这种状况也妨碍了各地经济、文化的交流，同时也影响了中央政府政策法令的有效推行。于是秦始皇下令李斯等人进行文字的整理、统一工作。规定以"小篆"为全国的标准文字。统一前各诸侯国的度量衡单位也不同，列国的尺寸、升斗、斤两的标准都不同，所以秦始皇又重新规定了全国统一的度量衡。统一之前，各国的车辆形制不一，车道的宽窄也不一，秦始皇统一全国后，定车宽以六尺为制，一车可通行全国，交通更加方便了。这些"书同文""度同制""车同轨"的措施促进了全国经济文化的交流与发展，促进了民族融合，对中华民族的巩固与发展起到了不可泯灭的作用。

当秦始皇正在进行一系列建设和改革的时候，北方的匈奴却趁机侵扰秦朝北部的边境。公元前214年到公元前213年，秦始皇遣大将军蒙恬率军北击匈奴，打了一场大规模进攻战。为防止匈奴南下，永久防御匈奴的侵扰，秦始皇征发大量民工在燕赵秦长城基础上，修筑了西起临洮（今甘肃岷县）、东到辽东（今辽宁辽阳西北）的万里长城，对巩固秦北部边地发挥了重要作用，使边境的百姓过上了相对安定的生活。

由于当时社会上百家争鸣，不同思想大量

存在，严重地阻碍了秦始皇对征服的原六国民众思想的统一，并威胁到了秦朝的统治。于是，秦始皇为了统一原六国人民的思想，于公元前213年开始销毁除《秦记》以外的所有史书，民间只允许留下关于医药、卜筮和种植的书，一直到公元前206年秦朝灭亡。同时一些读书人反对秦始皇的统治，秦始皇得知之后大怒，下令将四百六十多名儒生活埋，其余流放偏远地区，这就是历史上有名的"焚书坑儒"事件。

同时，好大喜功的秦始皇不顾百姓的困苦，下令修建阿房宫和骊山墓，如此的劳民伤财，使百姓的怨恨与日俱增，秦王朝的统治危机渐渐地显露出来。公元前210年，秦始皇在南巡的路上生了重病，不久，这位中国历史上的千古一帝就病死在沙丘平台。

汉武帝

汉武帝刘彻，汉王朝的第七位皇帝，政治家、战略家。刘彻是刘邦的重孙、汉景帝刘启的第十子。公元前156年生人，七岁时被册立为皇太子，十六岁登基，在位五十四年，是一位雄才大略的君主。他给了一个国家前所未有的尊严，他给了一个族群挺立千秋的自信，他的国号成了一个伟大民族永远的名字。

童年的刘彻是一个聪明机灵的孩子，深受景帝的喜爱，也得到了景帝姐姐长公主的喜爱。

有一次长公主指着自己的女儿对刘彻说："我把阿娇指给你当妻子好不好呀？"

刘彻回答："如果阿娇愿意嫁给我，我一定盖一所金屋子让她住在里面。"

这次的戏言使长公主尽心地帮助刘彻登上太子之位，也使金屋藏娇的典故流传了下来。果然，刘彻即位之后，陈阿娇成了皇后。

武帝是个求贤若渴的君主，他重用儒生董仲舒。董仲舒提出了"天子受命于天，天下受命于天子"，君权神授的思想正暗合了武帝的中央集权思想，于是他"罢黜百家，独尊儒术"，同时还建立了"察举，征召，公车上书"等一系列文官选拔制度。当时的很多名士都是通过此种方法才得以重用的。

可以说汉武帝统治的时代是一个名士辈出的时代，大文豪司马相如、大史学家司马迁、大政治家公孙弘、大军事家卫青和霍去病、大探险家张骞等，这些人并没有怀才不遇，相反他们都得到了重用，使得他们的才华发光发热。

同时，汉武帝还接受了董仲舒的建议，在都城长安兴建太学，选拔优秀的青年入学授业，在太学之中成绩优异者可直接做官，这一教育与选官结合的制度一直沿用到清代。

在经济改革方面，武帝奉行重农抑商的改革政策。他积极地推广代田法和楼车，并在关中地区大兴水利，大量地开凿水渠，漕渠、六辅渠的开凿对关中农业的发展起了很大的作用。同时汉武帝大量地向商人、高利贷者征收财产税，并奖励告发偷税漏税的人。武帝还下令将煮盐、冶铁、酿酒等重要工商业归中央，由国家垄断经营，并改革了币值，同时将铸币权也归中央。这一系列重大的经济改革为国家的强盛起了重要的作用。

汉朝对于匈奴是采取和亲的政策，每到匈奴来犯时，汉朝定会送公主去和亲并带去大量的钱财以保边境平安。汉武帝是个大有作为的君主，认为将国家的命运交给女子实属耻辱，于是，待国力强盛之时，武帝决定北击匈奴，消除边患。从公元前133年到公元前119年，武帝先后十五次派大将卫青、霍去病率军对匈奴用兵，最后匈奴已经无力侵占中原，骚扰边境百年的战患基本解除。

汉武帝在发动对匈奴战争的同时，还派张骞两次出使西域，获得了大量前所未有的西域资料，打通了著名的丝绸之路，从此以后西域的水果、蔬菜、牛羊和着西域的音乐，伴着西域的舞蹈一齐传入中原，而中原的农耕技术也传入了西域。可以说，丝绸之路的开拓进一步加强了与西域的联系，丰富了中原的物质生活，并发展了中西经济文化的交流。武帝还平定了闽越和南越的叛乱，开发了西南夷，使云贵地区正式纳入了西汉的版图；他还发兵东北，征服了高句丽等部，使朝鲜和中原的交流更加密切了。在地理上，武帝完成了对东南和东北的统一，凡中国传统威力能及之处，武帝皆可到达，武帝的文治武功，终于使汉朝成为了封建社会第一个鼎盛时期。

如此大作为的汉武帝，到了晚年却变得残暴苛刻，迷信多疑，甚至酿成了"巫蛊之祸"，太子和皇后都因此被迫害致死。这场巫蛊之祸促使武帝开始反思自己，从此他开始减少税赋，禁除苛政，与民休息，此后的两年，社会逐步安定下来。公元前87年，汉武帝驾崩于五柞宫，享年七十岁。

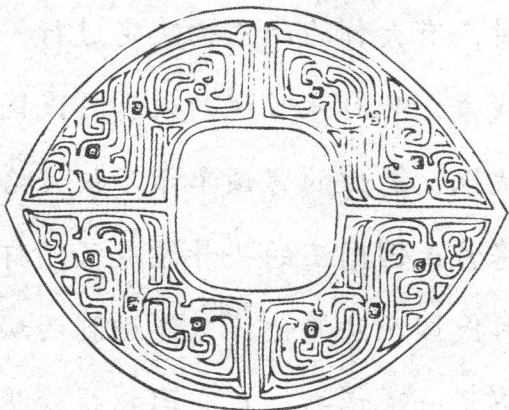

张骞

汉朝建立以来，北方的匈奴逐渐地强大起来。匈奴不仅骚扰着汉朝的边境，也同时奴役着西域的各个小国。汉高祖以来，每每面对匈奴的骚扰，历代的西汉统治者都采取和亲的政策，可是贪婪的匈奴并未就此停止侵略。待到汉武帝时，有大作为的刘彻决定进行一次反击匈奴的战争，此时他听说匈奴和月氏国有不共戴天的仇恨，匈奴的冒顿单于不仅侵略了月氏国，还将月氏国国王的头骨做成了酒杯，但是弱小的月氏国无法复仇，只能逃到西域。汉武帝于是下了一道诏书，在全国招募精明能干的勇士，出使西域联合月氏共击匈奴。满怀抱负的年轻的张骞闻讯，挺身应募，毅然挑起国家和民族的重任，勇敢地走上了征途。

公元前138年，汉武帝任命张骞为使者，率领一支百余人的队伍从陇西出发，开始了不寻常的西域之旅。张骞途经匈奴的时候，被匈奴俘虏。匈奴单于得知他们要去西域找月氏国，就将他们软禁起来。为了打消张骞逃跑的念头，还给张骞娶了个匈奴的女子。张骞在匈奴十余年，娶妻生子，但始终秉持汉节。终于在一个夜晚，张骞带着两匹马逃出匈奴，来到了大宛国，受到了大宛国国王的礼遇，并且派向导将其带至康居国，由康居人带领抵达月氏国。

此时的月氏国已经在西域定居了很长时间，岁月太平安定，月氏国女王已经忘却了仇恨，并不想报仇，也不肯与汉朝结盟，他们礼貌地拒绝了汉朝的要求，于是一年后张骞无奈地踏上了归程。

归汉的途中，张骞又不幸地被匈奴人捉了去，直到一年之后匈奴发生了内乱，他才趁机逃回了都城长安。这次出使西域，一百余众的队伍到最后就剩下张骞及其向导两人。可以说张骞用他的机智与勇敢完成了这次长达十三年的西域之行。

张骞的这次出使虽然并未达到最初的目的，但是他到达了大宛、康定、月氏、大夏等国，领略了西域的风土人情，为汉朝带来了上等的马匹和金属材料，同时也宣扬了汉朝的文明与威望，促进了汉朝和西域各国的往来。

汉武帝为了使西域各国臣服汉朝，于公元前119年再次派张骞率三百余人出使西域。由于此时汉朝已控制了河西走廊，所以张骞此行非常顺利地就抵达了西域乌孙国。公元前115年，张骞带着乌孙国的使者来到长安，一年后，

"博望侯"张骞病故，从此汉朝和西域有了更加密切的往来。

张骞出使西域第一次打开了古老中国的大门，不仅丰富了中国人的地理知识，也扩大了中国人的视野，开通了促成东西方经济文化交流的交通线——即从中国甘肃、新疆到今阿富汗、伊朗等地的陆路交通"丝绸之路"。从此以后，无数的商旅往来在这条路上，为中国带来了西域的土产，如葡萄、骏马，同时中国的丝绸和农耕文化也传递到了西域。"丝绸之路"直接促进了中国和西方物质文化交流，中西交流盛极一时。张骞是中国走向世界的第一人，他不畏艰险的精神和平等友好的态度，使中国的大国形象第一次树立在世界面前。

司马迁

　　司马迁生于公元前145年，字子长，其父司马谈为太史令，是一个学问渊博的人。早年司马迁随父亲在故乡过着贫苦的生活，他10岁开始读古书，曾师从董仲舒学习《春秋》，师从孔安国学习《尚书》。他学习认真刻苦，有非常深厚的文化功底。

　　20岁那年，司马迁从长安出发，到各地游历。回朝之后，他做了郎中，他有多次陪同汉武帝出外巡游的经历，到过云南、四川、贵州等地，而这些经历都使得他真正地贴近生活，了解历史。公元前108年，他父亲司马谈去世，司马迁接替父亲做了太史令。

公元前104年，司马迁与天文学家唐都等人共订"太初历"。同年，他开始动手编写《史记》。

公元前99年，李陵出击匈奴，兵败投降，汉武帝大怒。司马迁为李陵辩护，认为主帅李广利也有责任，救兵不至才导致李陵寡不敌众。汉武帝觉得司马迁是有意为李陵游说，贬责爱妃李夫人的兄长李广利，于是司马迁获罪被捕，处以腐刑，李陵被诛杀全族。受此大辱的司马迁并没有选择死亡，而是为了完成未竟的事业——即完成《史记》的撰写而隐忍地活下来。此后，他发愤写作《史记》，终于在公元前90年左右，大约在他55岁那年完成了全书的撰写和修改工作，完成了这部被誉为"史家之绝唱，无韵之离骚"的不朽著作。

《史记》全书包括本纪——即记述历代帝

王政绩共十二篇；世家——即记录诸侯国和汉代诸侯、勋贵兴亡共三十篇；列传——即记述重要人物的言行事迹，主要叙人臣，其中最后一篇为自序共七十篇；十篇表文就是大事年表；八篇书是记各种典章制度，记礼、乐、音律、历法、天文、封禅、水利、财用。时间跨度从上古黄帝到汉武帝太初年间，空间横跨整个汉朝版图。司马迁以其"究天人之际，通古今之变，成一家之言"的史识，成就了《史记》——中国历史上第一部纪传体通史，全书130篇，526500余字，对后世的影响极为巨大。

可以说《史记》是一个人完成的史学界的万里长城，司马迁用他毕生的经历，认真的考察，严肃的史学态度，客观地记录了历史。司马迁凭着自己对历史和社会的深刻理解，不虚伪、不隐晦地用自己才情激荡的文字铸就了一部横贯古今的人类史、社会史、世界史。可以说，《史记》并不仅仅是一部历史的记录，它在文学上、史学上甚至是哲学上都有极其崇高的地位，堪称是一座伟大的丰碑。

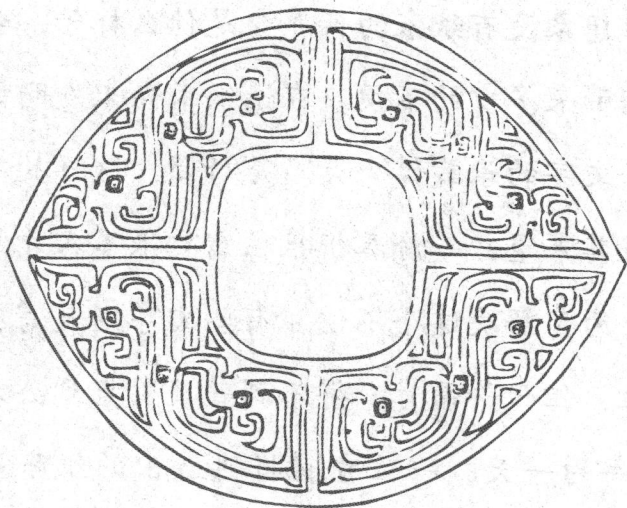

蔡伦

今天纸张的普遍使用是不言而喻的事情，很难想象没有纸张的世界会是什么样子，会为人们带来多少的不便。在造纸术尚未发明的时候，文字的承载媒介大多是竹简，这样的书大多极其笨重，一份奏折往往需要很多人才能搬动。为了解决这个不便，有些文字则是写在丝绸上，但代价昂贵，得不到普及。直到公元前105年的一天，一位宦官将他造出的纸张呈献给汉和帝，这种用破布、破渔网、废旧麻布以及树皮制成的纸，细致均匀，既方便书写、阅读，又方便保存。汉和帝喜欢非常，于是在全国范围内推广了起来，从此结束了那不便捷的书写历史。而这位造福世人的发明家就是后来被尊为造纸祖师爷的蔡伦。

蔡伦字敬仲，东汉桂阳人。东汉末年蔡伦入宫做了太监，到了汉和帝年间，蔡伦就做了能参与国家机密大事的中常侍。公元前92年，蔡伦任尚方令，利用供职之便，常到乡间作坊察看，见蚕妇缫丝漂絮后，竹簟上留下一层短毛丝絮，揭下似缣帛，可以用来书写。蔡伦从而得到启发，便收集树皮、废麻、破布、旧渔网等原料，在宫廷作坊施以锉、煮、浸、捣、抄等法，终于造出植物纤维纸。

东汉时期是一个黑暗的时期，宦官和外戚之间的斗争日益激烈，蔡伦也被卷入了这场斗争之中。由于早年蔡伦曾经被迫参与对汉安帝祖母宋贵人及其姐妹的审讯，致使二人服毒自杀。四十年后安帝亲政，下令审讯蔡伦。年老的蔡伦害怕自己受辱，于是就选择用毒药结束自己的生命。蔡伦虽然死了，但是他发明的造纸术却影响深远，对中国社会的发展甚至是全世界的发展都产生了无法估量的巨大影响。

经过蔡伦的改革，造纸成了一种独立的手工业，纸的推广使用，为保存文献、记载历史、传播文化、交流思想、促进社会的发展都做出了不可泯灭的贡献。蔡伦之后，我国历代的造纸工人在他的基础上不断地改进和提高造纸技术，扩大了造纸原料的品种和来源，制造出各种用途的纸张，在很长时间里，中国的造纸技术远远领先于世界水平。随着文化的交流与传播，造纸术也通过商路于公元7世纪初传到朝鲜，隋朝末年传到了日本，公元751年以后传到了阿拉伯，并从阿拉伯传到了欧洲，16世纪后期传到了美洲，19世纪，传入澳洲。一千多年间，蔡伦发明的造纸术传遍了五大洲，对世界文明的发展起到了巨大的推进作用。日本将蔡伦视为造纸工人的祖师，欧洲人也是在懂得如何使用纸张之后才得以直接面对中国文明，中欧的文化差距才开始缩小。

　　造纸术是同指南针、印刷术、火药并称的我国古代科学技术的四大发明之一，为世界文明做出了一项十分宝贵的贡献，它大大促进了世界科学文化的传播和交流，深刻地影响着世界历史的进程。

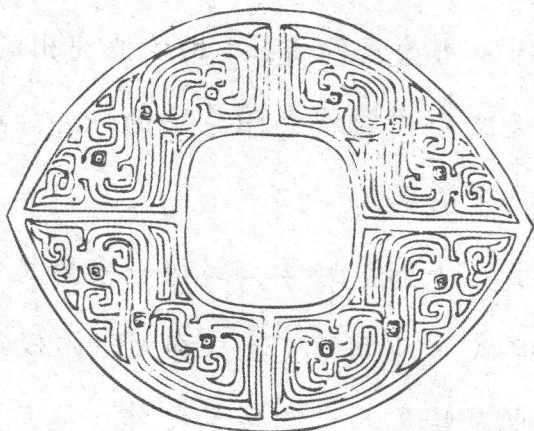

张衡

张衡，字平子，汉族，南阳人，出生于一个破落的贵族家庭，是我国东汉时期伟大的天文学家、数学家、发明家、学者，在汉朝官至尚书，为我国天文学、机械技术、地震学的发展做出了不可磨灭的贡献。由于他突出的贡献，联合国天文组织曾将太阳系中的1802号小行星命名为"张衡星"。

张衡从小勤奋好学，写得一手好文章，他的《归田赋》《二京赋》是京都大赋的极致，《四愁诗》也是脍炙人口的传世之作。他又是个极其热爱学问、喜好研究的人。公元100年，张衡应南阳太守鲍德之邀，做了他的主簿，掌管文书工作。八年后鲍德调任京师，张衡辞官居于南阳。在这期间他致力于探讨天文、阴阳、历算等学问，并反复研究西汉扬雄著的《太玄经》。他在这些方面的名声引起了汉安帝的注意，公元111年张衡被征召进京，拜为郎中，次年，成为太史令。太史令的职务给张衡研究天文地理提供了更加方便的条件，经过深入的研究，张衡提出了月亮并不会发光和宇宙无限的观点，并且对月食和月亮的盈缺做出了科学的解释，这些解释都收录在他的两部重要著作《灵宪》和《浑天仪图注》之中。

浑天仪是张衡重要的一项发明，是世界上最早使用水力为动力的仪器，也是世界上第一架比较准确的观测天象的仪器。浑天仪分为浑仪和象仪，浑象的构造是一个大圆球上刻画或镶嵌星宿、赤道、黄道、二十八星宿和二十四节气、日月星辰，利用漏壶的水推动齿轮带动浑天仪，这样，浑天仪上所刻的天文现象就按照时间的顺序，自动地呈现出来。可以说浑天仪是一项划时代的发明创造。

地动仪是张衡的又一传世杰作。在张衡所处的东汉时代，地震比较频繁，张衡也对地震有不少亲身体验。为了掌握全国地震动态，他经过长年研究，终于在公元132年发明了地动仪，值得一提的是这也是世界上第一架地动仪。

地动仪由青铜铸成，样子像酒樽，上有隆起的圆盖，仪器的外表刻有篆文以及山、龟、鸟、兽等图形。仪器的内部中央有一根铜质"都柱"，能够摇摆，柱旁有八条通道，称为"八道"，还有巧妙的机关。樽体外部周围有八个龙头，按东、南、西、北、东南、东北、西南、西北八个方向布列。龙头和内部通道中的发动机关相连，每个龙头嘴里都衔有一个铜球。对着龙头，八个蟾蜍蹲在地上，个个昂头张嘴，准备承接铜球。当某个地方发生地震时，樽体随之运动，触动机关，使发生地震方向的龙头张开嘴，吐出铜球，落到铜蟾蜍的嘴里，发生很大的声响。据此，人们就可以知道地震的时间和方位。地动仪是一项领先世界的伟大发明，直到一千七百年后，欧洲人才制造出原理基本相似的地震仪器。

　　大发明家张衡不仅仅发明了地动仪和浑天仪，他还制造过一个气象仪器——候风仪，一种类似国外的风信鸡的仪器，可比欧洲早一千多年。同时他还做过指南车，会飞的木雕，水力推动的活动日历等机械仪器，可惜都已经失传了。张衡写过一部数学专著《算罔论》，在其中他计算出了圆周率，虽然不够精准，但是在一千八百年之前就能有这样的计算已经是让人惊叹了。

　　张衡是中国历史上不可多得的全才，不仅在文学、发明创造方面有所建树，也是一位画家，是东汉六大画家之一。同时他也研究地理，他绘制的地图流传了几百年。张衡的伟大成就，正如历史学家郭沫若对他的评价："如此全面发展之人物，在世界史中亦所罕见，万祀千龄，令人景仰。"

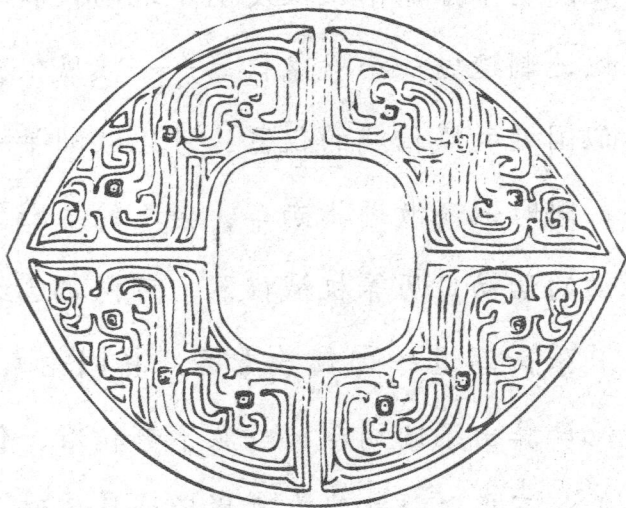

曹操

　　曹操在我国是一个家喻户晓的人物，他的名声之大，少有人能与之媲美；他的争议之大，也少有人与之匹敌。有人说曹操是乱世的奸雄，谋国的乱臣；有人说曹操是伟大的英雄，治世的能臣，那么真实的曹操究竟是一个什么样的人呢？

　　曹操(155-220)字孟德，小字阿瞒，汉族，沛国谯县人。东汉末年著名政治家、军事家、文学家与书法家。三国中曹魏奠基人和主要缔造者。

　　东汉末年，曹操在镇压黄巾军起义的时候，

扩充了军事实力。公元196年，他迎汉献帝在许都，借用天子的名义挟令诸侯，先后铲除了吕布等割据势力，这就是著名的"挟天子以令诸侯"。此外，他还大破袁绍于官渡之战，统一了中国的北部。

公元208年，不可一世的曹操自封为丞相，率军南下，妄图吞并吴越，却被孙刘联军大败于赤壁。

公元215年消灭张鲁之后，汉献帝允许曹操封立诸侯，任命三公，行使君主之权。

公元216年曹操自立为魏王，公元220年曹操于洛阳去世，谥号武王。

可以说曹操是一位杰出的军事家，他运用自己的智谋，一生以汉朝丞相的名义征讨四方，完成了中国北部的统一，结束了汉末以来军阀割据混战的局面，同时在北方广泛屯田，使北方农业经济得到了恢复和发展，为全国统一奠

定了基础。

　　曹操还是一位不可多得的文学家，他的文学作品对中国文学史的发展有着不可替代的重要作用，鲁迅先生评价其为"改造文章的祖师"。他的《短歌行》中"对酒当歌，人生几何"，《步出夏门行·龟虽寿》中"老骥伏枥，志在千里；烈士暮年，壮心不已"，都是广为流传的名句，在他诗句的字里行间都体现了他宽广的胸襟和积极奋发的人生态度。曹操不仅是一位诗人，也是建安文学的倡导者和组织者，他网罗了许多有才华的文人，建安七子之一的王粲就是一例。王粲生活奔波流离，到了荆州不受荆州主刘表的重用，后来到曹操处，曹操非常赏识，一再重用，对待另一位建安七子陈琳也是如此。值得一提的是，曹操的书法也是极好的，汉末书法评论家评出章草大家五人，曹操便是其中之一。

可是如此求贤若渴、海纳百川的曹丞相在广纳贤才的同时却是一个多疑的人，因为他多疑的性格，他杀了杨修，害死了华佗，而这点也是为后人诟病的。可不论怎样，多面的曹操仍如史书《三国志》所说，是"非常之人，超世之杰"，是位了不起的英雄人物。

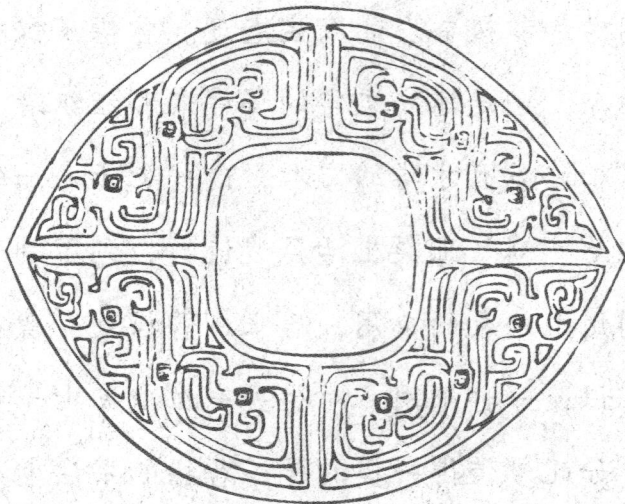

诸葛亮

诸葛亮，字孔明，号卧龙，琅琊阳都人，东汉末年，隐居于邓县隆中，青年时期就有"逸群之才，英霸之气"，受乡间百姓尊重。他常常将自己与春秋时期的名相管仲和战国时的乐毅相比，他的理想是辅佐贤君，扫平六合，统一天下。无奈当时并无贤君，于是他甘愿选择躬耕南阳。

公元207年冬，刘备在徐庶的建议下，三次到隆中草庐拜访诸葛亮，请他出山，前两次都没见到诸葛亮，第三次终于得见。刘备的诚意打动了诸葛亮，于是他为刘备分析了当时天

中国名人故事

下的形势，提出先取荆州，再取益州成鼎足之势，继而图取中原的战略构想，这就是著名的"隆中对"。三顾茅庐之后，诸葛亮出山成为刘备的军师，为刘备集团出谋划策。

诸葛亮出山不久，荆州大乱，曹操挥军南下。当时刘表已死，他的儿子刘琦主张投降，刘备不同意如此，退军到达夏口。面对曹操强大的八十万人马，只有两万的荆州部队根本无法抗衡，于是诸葛亮提出联孙抗曹，并主动请缨去孙吴游说。

公元208年，孙刘联军在赤壁大败曹操，刘备趁机占领荆州。公元214年，刘备夺取益州，公元219年，夺取汉中。公元220年，曹操之子曹丕称帝建立魏国，公元221年刘备称帝，建立蜀汉政权，天下三分之势终于形成。

蜀汉政权形成以后，刘备任命诸葛亮做了丞相。诸葛亮凡事以身作则，事必躬亲，每当刘备出兵征伐，诸葛亮便负责镇守都城，为刘备足食足兵，提供支援。同时他自己洁身自好，为蜀州官吏树立了廉洁奉公、勤政爱民的榜样。他严肃法纪，赏罚分明，挥泪斩马谡就是一例，虽万般不忍，但无奈马谡不遵军令，失守街亭，最后还是斩了马谡。

为了蜀州的发展，诸葛亮还发明了不少新式的器械，连弩箭一次能发射十支箭，威力无穷。由于蜀地多山道，山路崎岖，运输困难，他就发明了"木牛"、"流马"用来运输粮食，诸葛亮修建的"山河堰"等水利工程，至今还是汉中地区灌溉面积最大的水利工程。

公元223年，刘备病重，传召诸葛亮到永安，托付后事。刘备对诸葛亮说："你的才能是曹丕的十倍，必定能够安顿国家，终可成就大事。如果我的儿子刘禅可以辅助，便辅助他；如果他没有才干，你可以自行取度。"

中国名人故事

诸葛亮流着泪悲伤地说："我一定尽我最大的努力和最坚贞的忠心，辅佐幼主，死而后已！"

刘备死后，诸葛亮为了能达成刘备统一天下的愿望，曾派兵六出祁山，并且收服了孟获，改善了蜀汉和西南各族的关系。公元234年，诸葛亮终于积劳成疾，病死在五丈原军中。

诸葛亮北定中原的愿望虽然并未实现，但作为三国时期的著名军事家、政治家，为维护西蜀的稳定和发展做出了巨大的贡献；作为文学家，他的代表作有《前出师表》《后出师表》《诫子书》等；作为发明家曾发明木牛流马等，并改造连弩。他被看做智慧的化身，后世忠臣的楷模，他的功业被蜀国人民、历代人民所追念！他那"鞠躬尽瘁，死而后已"的精神被历代人民所传颂。

华佗

　　华佗字元化，又名旉，汉末沛国谯人，是三国时期著名医学家。少时曾在外游学，钻研医术而不求仕途。他医术全面，尤其擅长外科，精于手术，被后人称为"外科圣手"、"外科鼻祖"。《三国演义》中关羽刮骨疗伤的故事就是对华佗精湛医术的一个侧面反映。由于其医术高明，仁心仁术，被世人誉为神医，后人多用"再世华佗"来赞誉好的医生。

　　华佗精通内、妇、儿各科，外科尤为擅长，行医足迹遍及安徽、山东、河南、江苏等地。他发明了世界医学史上最早的麻醉剂——"麻沸散"，并利用它使病人麻醉后施行剖腹手术，是世界医学史上应用全身麻醉进行手术治疗的最早记载。据说有一次，一位肚子剧痛的病人来找华佗，华佗诊断他得了肠痈，必须开刀进行手术，于是他就给病人服用了麻沸散，待病人全身麻醉之后进行剖腹手术，割去已经溃烂的盲肠，再用丝线缝合，敷上药，不久这位病人痊愈了。可惜的是如此效果显著的麻沸散却早已经失传，但华佗的创造性举动已经是对祖国医学的一个伟大贡献，被后世尊为外科的祖师。

不仅外科，华佗还常常运用民间单方来治病。有一次，华佗在路上遇见一位患咽喉阻塞的病人，吃不下东西，正乘车去医治。病人呻吟着十分痛苦。华佗走上前去仔细诊视了病人，就对他说："你向路旁卖饼人家要三两萍齑，加半碗酸醋，调好后吃下去病自然会好。"病人按他的话，吃了药，立即吐出一条像蛇那样

的寄生虫，病也就真的好了。

华佗治病有时甚至不用医药。相传某位郡守患疑难症，百医无效，其子请来华佗。说明了病情之后华佗来到病人居室，听诊中言语轻慢，态度狂傲，还要了很多的酬金，却不给他治疗就走了，还留书谩骂。这郡守强忍再三，至此大怒，愤怒之下，吐黑血数升，病却痊愈了。原来这是华佗利用喜、怒、忧、思等情志活动调理机体，是一种心理疗法。

华佗本是士人，一身书生风骨，数度婉拒为官，奔走行医客旅中，在疾苦的民间起死回生无数。他看病不受症状表象所惑，用药精简，深谙身心交互为用。他重视预防保健，“治人于未病”，他创编了“五禽戏”，就是模仿虎、鹿、熊、猿、鸟五种动物的形态、动作和神态，来舒展筋骨，畅通经脉。常做五禽戏可以使手足灵活，血脉通畅，还能防病祛病，教人调息

中国名人故事

生命和谐，强身健体。

当时，丞相曹操患有头风病，华佗一开始施针治疗，疼痛有所缓解，但是华佗对曹操说："针灸只能缓解您的头疼，并不能根治，您的头疼还会复发。"果不其然，不久之后，曹操又开始头疼欲裂了，华佗诊断之后对曹操说："丞相的病针灸已经不能治愈了，只能开颅进行手术才能彻底治愈。"曹操是个多疑的人，他拒绝了华佗的提议并认为华佗有谋害之心，将华佗囚入了监狱，处以死刑。华佗知道自己必死无疑，就将自己毕生的医学经验记录成《青囊经》希望留于后世。他将它托付给牢头，可是胆小的牢头并不愿意接受，于是悲愤的华佗将《青囊经》付之一炬。牢头觉得可惜，赶紧去火堆中抢，可是只剩下兽医的那一部分了。

最终，一代神医华佗死于狱中。

王羲之

　　王羲之字逸少，会稽山阴人，出身于名门望族，父亲是王旷，历官淮南丹阳太守、会稽内史。羲之幼时不善于言辞，擅长书法，他改变汉魏以来用笔的方式，独创圆转流利之风格，被奉为"书圣"，可以说是一字千金，一则小故事就可以说明。话说有一天一个老婆婆在集市上卖扇子，正为扇子无人问津而发愁，这时走来一个人，他大笔一挥在每把扇子上都写了五个字。老婆婆见状颇为不满，那人却道："你就说这扇子上的字是王右军写的，你可以要价一百钱！"这可远远高于市价，老婆婆将信将疑地照做了，没想到大家竞相购买。这个人就是大名鼎鼎的东晋书法家王羲之。从这则故事中可以看出王羲之的书法是多么地受人欢迎，也可以看出，王羲之的性格是多么地不拘小节。

　　说到他的不拘小节，最令人称道的就是他成为"东床快婿"的事情。话说有一次，太尉郗鉴派门生来见王导，想在王家子弟中选位女婿。王导让来人到东边厢房里去看王家子弟。王家子弟听闻太尉要来选婿，个个穿戴整齐，正襟危坐。门生回去后，对郗鉴说："王家子弟个个不错，可是一听到有信使来，都显得拘谨而不自然，只有一个人坐在东床上，袒着肚子吃东西，还若无其事。"郗鉴说："那个袒腹的正是我要选的佳婿。"原来这个袒腹而卧的就是王羲之。于是郗鉴就把女儿嫁给了他。

　　王羲之对于书法的痴迷素来为人称道，据说他连吃饭、休息的时候都用来揣摩字的结构和笔法。他家门前有个水池，由于他每天练完字之后在池中冲洗笔砚，日子长了，池子里的水就变成了黑色的了，于是这个池子就得到了"墨池"的名称。王羲之年少时师从卫夫人学习书法，后与张芝学草书，钟繇学正书，可谓博采众长，精研体势，在楷书、草书、布白等方面都有独到的见解，绝世的创造，使汉魏以来质朴的书风向妍美流利转变，人们用"飘若浮云，矫若惊龙"来赞誉他的书法。

提到王羲之的书法不得不提他手书的绝世珍品《兰亭集序》，公元353年三月初三，王羲之同一班名士在山阴的兰亭集会游玩，饮酒作乐，每人写诗，宴毕共写出佳作四十余篇，王羲之汇集各人的诗文编成集子，并题了一篇序，这就是著名的《兰亭集序》。《兰亭集序》通篇28行，324字，有重复者，皆变化不一，字字"遒媚劲健，绝代所无"，情态各异，精美绝伦。

历代书家都推崇它为"天下第一行书"。王羲之不仅行书了得，楷书、草书各有建树，他在钟繇楷书的基础上，改革创新，从"文字的楷书"变为"书法的楷书"，他的《乐毅论》《黄庭经》《孝女曹娥碑》等最为有名。他的草书更是被誉为"龙跳天门，虎卧凤阁"，代表了晋代草书的最高境界，流传后世的《十七帖》是他绝佳的草书作品。

晚年的王羲之称病去职，归隐于会稽，自适而终。千百年来，王羲之所创造出的空灵流动的美感一直是历代书法家追求的最高境界。

祖冲之

祖冲之，字文远，南北朝时期人，是我国杰出的数学家、科学家。他祖孙三代都在朝廷做官，祖父祖昌曾任刘宋的"大匠卿"，掌管土木工程，祖冲之的父亲也在朝中做官。祖家历代对天文历法皆有研究，祖冲之从小接受家传的科学知识，青年时进入华林学省，从事学术活动。

在隋朝统一天下之前，中国分为南北两朝，南朝社会相对稳定，农业和手工业都有显著的进步，经济和文化得到了发展，也推动了科学的进步。因此，在这一段时期内，南朝出现了一些很有成就的科学家，祖冲之就是其中最杰出的人物之一。

　　祖冲之从小对文学、哲学和自然科学都有广泛的兴趣，特别是对天文、数学和机械制造，更有强烈的爱好和深入的钻研。从刘宋时期起，祖冲之就担任一些品级不高的小官，但做官并不是祖冲之的兴趣，他的主要精力还是集中于科学研究上。他研究学术的态度非常严谨，他虽十分重视古人研究的成果，但又决不盲从，并不完全听从于古人，对于前人的研究，他取其精华，去其糟粕，大胆地假设，小心地求证，取得了很多极有价值的成果。他所编制的《大明历》，是当时最精密的历法。他最早将岁差引进历法，采用了391年加144个闰月的新闰周，虽然现在看来他的数据还不是很精准，但是他把岁差引进历法已经是一个创举。大明历制成后祖冲之上表给宋孝武帝刘骏，却遭到宠臣戴法兴之流的压制和反对，认为他是在污蔑天理，祖冲之著《历议》一文对他们的观点一一驳斥。祖冲之坚持科学真理的大无畏精神，为后世的科学家树立了榜样。祖冲之去世十年后，《大明历》被采用。

祖冲之最为人称道的成就，就是圆周率的推算，祖冲之算出圆周率的真值在3.1415926和3.1415927之间，相当于精确到小数第七位，简化成3.1415926，成为当时世界上最先进的成就，并提出万约率22/7和密率355/133，密率值计算比欧洲早一千多年。所以，祖冲之入选世界纪录协会，是世界上第一位将圆周率值计算到小数第七位的科学家，创造了中国纪协世界之最。他还写过数学著作《缀术》和《九章义注》。唐朝国学曾经将此书定为数学课本，可惜均已失传。

祖冲之在机械制造方面也颇有建树，他设

中国名人故事

计制造过水碓磨、铜制机件传动的指南车、千里船、定时器等。此外，他在音律、文学、考据方面也有造诣。他精通音律，擅长下棋，还写有小说《述异记》，是历史上少有的博学多才的人。

为纪念这位伟大的古代科学家，人们把小行星1888命名为"祖冲之小行星"，将月球背面的一座环形山命名为"祖冲之环形山"。

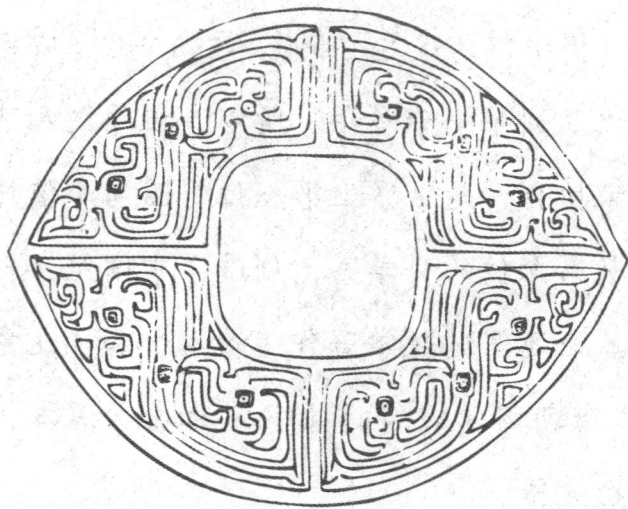

贾思勰

　　我国是一个古老的农业国家，拥有着辉煌的农业文明，我们的祖先为我们留下了丰富的农学遗产，而《齐民要术》就是这遗产中令人瞩目的瑰宝。《齐民要术》是我国现存的最完整的百科全书似的农学著作，也是世界农学史上最早的一部农学著作，它的作者就是我国北魏时期的杰出农学家贾思勰。

　　贾思勰出生在一个书香门第，其祖上就很重视农业生产技术知识的学习和研究，这对贾思勰的一生有很大影响。他的家境虽不富裕，却拥有大量藏书，使他从小就有机会博览群书，从中汲取知识，为他以后编撰《齐民要术》打下了基础。

贾思勰曾任高阳太守，但他无心当官，卸任后，贾思勰就开始致力于农学研究，足迹遍布全国各地。考察回来后，他与普通老百姓一样，亲自参加农业和畜牧业劳动，积累了丰富的资料，于是他将搜集到的资料和心得集中起来，写成《齐民要术》一书。

《齐民要术》书名中的"齐民"，指平民百姓。"要术"指谋生方法。《齐民要术》就是指平民百姓的主要谋生方法。从书名的旨意可以看出，贾思勰创作这本书的目的是为普通的老百姓做些实实在在的事情。

《齐民要术》的内容相当丰富，涉及面极广，包括各种农作物、经济林木的栽培，以及各种野生植物的利用等；同时，书中还详细介绍了各种家禽、家畜、鱼、蚕等的饲养和疾病防治，并把农副产品的加工以及食品加工、文具和日用品生产等形形色色的内容都囊括在内。凡是和人们生活生产息息相关的事情，事无巨细，全都搜罗殆尽，因此说《齐民要术》集西周到北魏农业生产知识之大成，是一点不为过的。

　　贾思勰在《齐民要术》中给我们提出了一套完整而又复杂的大田作物的轮作，即"作物轮栽"法，这是一种专门保持和提高地力的种植方法。书中不但肯定了轮作在防止土地肥力衰退递减方面的明显效果，而且还分析说明了轮作在消灭杂草、减少病虫害，防止作物生长良莠不齐等方面的功效。《齐民要术》还对农作物的品种进行了系统的归纳，清楚地告诉人们哪些作物可以先种，哪些作物要后种，并且使读者明白，不同的作物组合，会产生不同的效果。这种各种作物轮换栽种来提高土地肥力

中国名人故事

的方法，在世界历史上也是首创。

《齐民要术》不仅在耕作技术方面有详尽的说明，在蔬菜瓜果、果树林木的栽培和动物养殖方面也有更详尽的说明。比如贾思勰总结果树繁殖的三种方法：培育实生苗，扦插，嫁接。他还总结北方少数民族的畜牧业养殖技术，对家畜、家禽选种育种有细致的说明。

《齐民要术》以后，我国四种规模最大的农学著作，即元朝司农司编《农桑辑要》、王帧的《农书》，明朝徐光启的《农政全书》和清朝敕修的《授时通考》，均以《齐民要术》书中的精练内容做基本材料。就连一些规模比较小的农学著作，如陈敷的《农书》等，也受益于此。

可以说，贾思勰的《齐民要术》对中国农业史乃至世界农业都做出了巨大的不可泯灭的贡献。

文成公主

公元7世纪，被强盛唐王朝打败的西藏吐蕃赞普见识到了唐朝的实力，于是特地遣使向唐太宗李世民请婚，希望能有一位唐朝公主嫁给自己。而后美丽的文成公主被唐太宗选定入藏成婚，她为西藏带去了中原先进的文明，她同松赞干布一起为加强汉藏两族关系和两族的文化交流而努力，为西藏的发展做出了巨大的贡献。

文成公主是宗室之女，聪慧美丽，自幼受家庭熏陶，知书达理，并笃信佛教。相传当初吐蕃的使节禄东赞携带黄金五千万两以及大量珠宝，率领求婚使团，前往唐都长安请婚。不料，天竺、大食等国也同时派了使者，他们均希望能迎回公主做自己的王妃。唐太宗李世民非常为难，为了公平起见，便给各国婚使出了六道难题，谁答对了便可迎娶公主，这便是历史上的"六试婚使"。最终吐蕃使者不负众望，全部答对。

公元641年，文成公主在唐朝送亲使和吐蕃迎亲使的伴随下，出长安前往吐蕃。太宗以释迦佛像、珍宝、金玉书橱、三百六十卷经典、各种金玉饰物作为嫁妆，并且赠送了多种食物，各种花纹图案的锦缎垫被，还有卜筮经典三百种，营造与工技著作六十种，治病药方一百种，医学论著四种，诊断法五种，医疗器械六种，还有各种谷物和芜菁种子等。这次送嫁的队伍非常庞大，还带了不少的专员，多是文士、乐师和农技人员。松赞干布在柏海（今青海玛多）

亲自迎接，盛大的庆典过后，携文成公主同返逻些（今拉萨）。

不久，为了慰藉公主的思乡之情，一座美轮美奂的宫殿——布达拉宫就建成了。布达拉宫的一切建制都模仿大唐宫苑的模式，亭榭精美雅致，屋宇宏伟华丽。从此松赞干布和文成公主这样一对恩爱的异族夫妻，开始了他们新的生活。文成公主在吐蕃生活了近四十年，一直备受尊崇。在她的影响下，汉族的碾磨、纺织、陶器、造纸、酿酒等工艺陆续传到吐蕃，她带来的诗文、农书、佛经、史书、医典、历法等典籍，也促进了吐蕃经济、文化的发展，加强了汉藏人民的友好关系。她带来的金质释迦佛像，至今仍为藏族人民所崇拜。

公元680年，文成公主逝世，吐蕃王朝为她举行隆重的葬礼，唐朝也遣使臣赴吐蕃吊祭。在中国历史上，和亲的公主众多，可是像文成公主如此著名的却不多见。文成公主用温柔的情怀去辅佐自己的夫婿，用聪明的才智去传递唐朝文化，用友谊的双手去帮助藏族人民，可以说文成公主入藏是和亲的典范，同时文成公主也是一位颇有成就的外交家，她用她的智慧和努力获得了藏族同胞的敬仰，直到如今在拉萨仍保存藏族人民为纪念她而造的塑像。

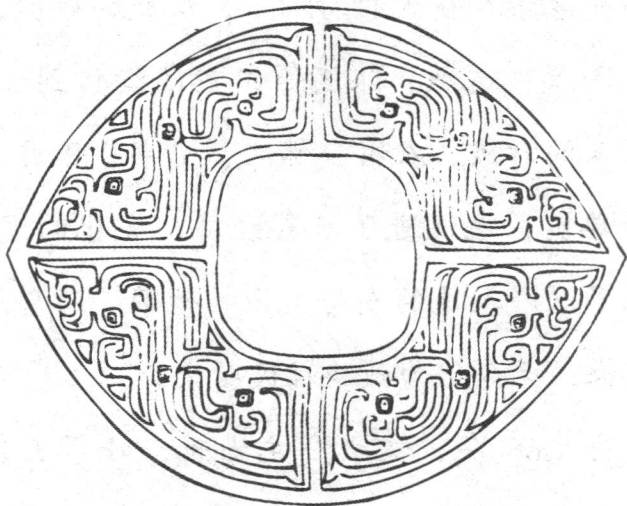

武则天

　　唐贞观年间，吐蕃向唐太宗进贡了一批良驹，其他均已驯服，只有一匹叫狮子骢的未能驯服。唐太宗对这匹马甚是喜爱，称它为龙驹。于是告诉手下，有谁能驯服这匹马，可以得到重赏，结果没有一个人能够驯服。有一位才人知道此事，就自荐说："臣妾能驯服。请皇上赐三物：铁鞭、铁锤、匕首。用铁鞭打它，倘若不服，就用铁锤接着锤；倘若还不服，则用匕首杀了它。"唐太宗笑着说："照你这么说，朕的良驹不被你刺死了？"这位才人进一步解释："好驹应该成为君主的坐骑。驯服了才能

中国名人故事

用，驯不服留它又有什么用呢？"唐太宗大为赞叹这个小才人的聪明才智，对其甚是喜欢。这位才人就是后来成为中国历史上唯一的女皇帝的武则天。

武则天公元624年生于并州文水（今山西文水东），为唐都督武士彠次女，母亲杨氏，本名不详。公元637年，十四岁的武则天入宫成为唐太宗的才人，太宗虽对她的才华很是赏识，但并未增加对她的宠爱，武则天入宫十二年一直都只是个才人，地位始终没有得到提升。在唐太宗病重期间，武则天和唐太宗的儿子——后来的高宗李治建立了感情。

公元649年，唐太宗驾崩，武则天和部分没有子女的嫔妃们一起入感业寺为尼。一年之后的太宗忌日，唐高宗李治来感业寺进香祭拜，看到了形容憔悴的武则天，忆起前情，于是将她接入宫中，封为昭仪。公元655年，高宗立武则天为皇后，在武则天的帮助下，高宗基本实现了君主集权。从此以后，武则天就帮助体弱多病的高宗，她甚至同高宗一起上朝听政，朝廷内外都称皇帝与皇后为"二圣"。

公元683年，中宗即位，武后贵为皇太后，但是中宗无能，于是，武则天先后废掉了中宗、睿宗，自称圣神皇帝，改国号为周，史称武周。公元705年，武则天让位给儿子李显，中宗复位，这年的冬天，武则天去世。

评价一位君主多着眼于他在历史上的作为。武则天统治的时期社会进步，经济发展，国力不断上升，特别是破格用人，对门阀势力的限制及对寒门庶族地主的扶持，可以说她上承"贞观之治"，下启"开元盛世"，是位大作为的君主，是中国历史上不可多得的政治人才。

武则天死后并不以帝王之礼下葬，而是以皇后礼，与唐高宗合葬于乾陵。她的墓前立了一块无字碑，这份"千秋功罪，任人评说"的大气度非一般帝王可以比拟。武则天执掌唐朝政权五十年，做了二十一年的女皇帝，是一位大有作为的君主，为促进中国社会的发展做出了突出的贡献，她的杰出才华与千秋功劳正如她的无字碑一般不言自明。

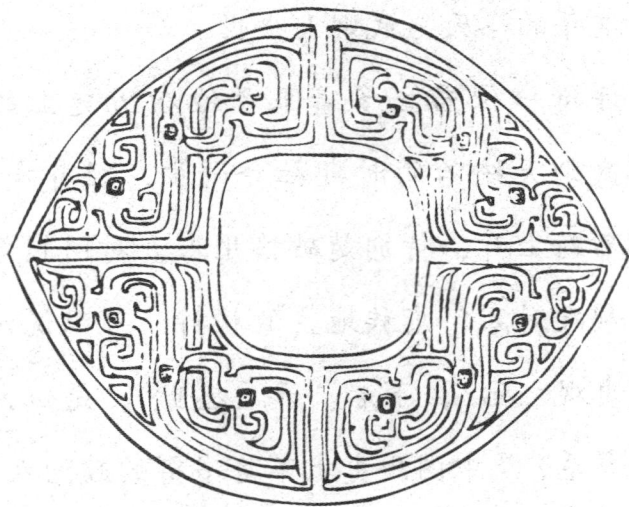

李白

　　李白字太白，号青莲居士，祖籍陇西成纪（今甘肃静宁西南），生于公元701年的碎叶城，小时候随父亲迁居到四川绵州昌隆县青莲乡。李白自幼学习范围很广泛，除儒家经典、古代文史名著外，还浏览诸子百家之书，并喜好剑术，精于骑射。

　　从二十岁起，李白就开始游历天下，祖国的大好山河陶冶了李白豪迈的性格和豁达的胸襟，还有对祖国河山的无限热爱之情。游历于名山大川的李白写下了不少游侠的诗，这些作品广为流传。可以说李白是时代的骄子，他的诗句一出现就震惊了诗坛。他洒脱不羁的诗歌创作及其天才的大手笔，征服了朝野上下许多奇才，享有崇高的荣誉和地位。

中国的文人大多拥有建功立业的政治抱负，李白也是如此。在贺知章的推荐下，他凭一首《乌夜啼》被唐玄宗赏识。公元742年，李白入宫做了翰林，陪侍皇帝左右。玄宗每有宴请或郊游，必命李白侍从，利用他敏捷的诗才，赋诗纪实。李白受到玄宗如此的宠信，放浪形骸的李白曾让杨贵妃斟酒，高力士为其脱靴，同僚不胜艳羡。但是唐玄宗仅仅将李白看作一个御用诗人，是华贵生活的点缀，这点令满腔抱负的李白有所失望，再加之李白放浪形骸的行为又被翰林学士张坦所诽谤，对朝廷失望的李白离开了都城长安，重新过起了云游的生活。

公元755年，安史之乱爆发，永王李璘恰

在此时出师东巡，李白应邀入幕。李白入幕后，力劝永王勤王灭贼，无奈唐肃宗以谋反的名义把李璘杀害了，李白也被捕入狱，幸而得到了大将郭子仪的营救，才免于死刑，被流放到夜郎。

公元759年，李白被赦免，三年后，穷困漂泊的李白结束了他的一生。

李白是一位个性非常鲜明的诗人，他洒脱不羁的气质，傲世独立的人格，易于触动和爆发的强烈感情，加之奇特的想象，明丽爽朗的词语，都形成了李白诗歌抒情方式的鲜明特点。一生都在游历山水的他诗如其人，贺知章就曾赞他为"谪仙人"。李白的诗雄奇飘逸，艺术成就极高，他的诗以描写山水和抒发内心的情感为主，他讴歌祖国山河与美丽的自然风光，风格雄奇奔放，俊逸清新，比如著名的诗句"君不见黄河之水天上来，奔流到海不复回"（《将进酒》），"蜀道之难，难于上青天"（《蜀道难》），他的诗句自我表现的主观抒情色彩十分浓烈，感情的表达具有一种排山倒海、一泻千里的气势，李白的诗具有"笔落惊风雨，诗成泣鬼神"的艺术魅力，富有强烈的浪漫主义精神。

可以说李白受人喜爱的缘由不外乎在他的诗句中表现了人格的力量和个性魅力，他以才力写诗，凭气质写诗。他的诗风是无法学习的，他本人也在中国文学史上有不可替代的地位，他是继屈原之后最伟大的浪漫主义诗人，被后世誉为"诗仙"。

杜甫

　　杜甫，字子美，自号少陵野老，巩县（今河南巩义）人，出身于一个世代奉儒守官的家庭，立功立言是这个家族的传统。杜甫的祖父杜审言是初唐著名诗人。杜甫自幼聪明向学，七岁就会作诗，长大后对于书画骑射样样精通。年少的杜甫同样是一位有抱负、有才华的人，十九岁开始云游天下，结交天下有名望的文人，过着闲适的生活。这时正值盛唐，百姓安居乐业，杜甫的心境是舒畅的、开阔的，所以登临泰山会有"会当凌绝顶，一览众山小"这样意境开阔的诗句。

杜甫参加过几次科举考试，均无所获。父亲去世后，家境愈发艰难，在给达官贵人写信推荐自己无果之后，人到中年的杜甫过着贫穷愁苦的生活，也更加理解百姓的愁苦。当他亲眼看到贵族过着奢靡的生活然而穷人却饿死街头无人问津，悲伤地写下"朱门酒肉臭，路有冻死骨"的诗句。

公元755年，杜甫得到了一个官职，可是不久之后发生安史之乱，次年六月长安陷落，杜甫流亡，被叛军俘获，次年四月，逃归凤翔，谒见肃宗，被任命为左拾遗，不久就因疏救房琯，触怒肃宗，而被贬为华州司功参军。颠沛流离的杜甫对现实有了更深的认识，于是写下了"三吏""三别"等名篇，表达了杜甫对百姓的深切同情和对战争的愤慨。

公元759年，杜甫对政治彻底失望，带着全家老小流亡成都，生活穷困至极，于是写下

《茅屋为秋风所破歌》，描述全家潦倒的境遇，抒发了宁愿牺牲个人换取天下寒士欢颜的高尚情怀。

公元770年，杜甫死在流亡的途中。杜甫存世的作品有一千四百多首，深刻地反映了唐朝由盛而衰的二十多年的社会全貌，常被人提到的重要的历史事件，在他的诗里都有提及。他的诗虽不是直接书写时事，只写一己的感慨，但从他的感触之中，我们可以感受到当时社会的某些心理状态，其间的意境如同史诗一样壮阔。

杜甫是一位承前启后的人物，他的诗兼备众体又自铸伟辞，更为人称道的是他的情操。他心系国家安危，同情民生疾苦，为历代人们所崇仰，在他悲慨的诗句中我们看到了唐朝由盛及衰的命运，百姓流离失所的遭遇，包括诗人自己忧国忧民的情怀，"诗史"当是如此。杜甫是我国唐代伟大的现实主义诗人、世界文化名人，被后人尊称为"诗圣"，与"诗仙"李白并称"李杜"。

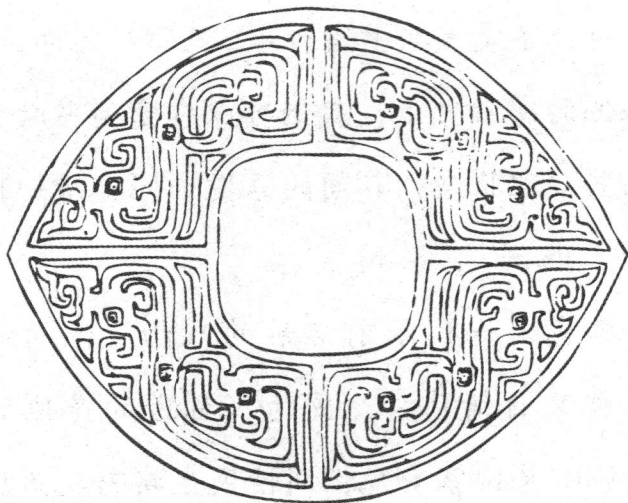

玄奘

　　说到唐三藏，大多数人会想起《西游记》里那个带着三个徒弟去取经的唐僧，很多人以为这只是神话故事中虚构的人物，其实三藏法师确实存在，只是他没有那三个法术高强的徒弟，而是自己一人完成取经大业的，他就是唐代著名的高僧玄奘。

　　公元600年，玄奘出生在河南洛阳洛州缑氏县（今河南偃师），俗姓陈，名祎，是汉传佛教史上最伟大的译经师之一，中国佛教法相唯识宗创始人。他自幼聪明机敏，颇有佛缘，十岁父亲去世，由出家在外的二哥长捷带到了洛阳，经常听到高僧谈佛，久而久之就有了出家的愿望。

玄奘生活的隋朝末年战乱四起，百姓生活困苦。当时佛教盛行，出家必须经过衙门的考试。年仅十三岁的玄奘由于年龄尚小并没有资格出家，可是他并不甘心，经常驻足在衙门的门口。有一次主管的官员看到了他，就问他为什么如此想要出家，他答道："我要继承如来的事业，宣扬佛法。"官员被他的志气所打动，破格将他以沙弥身份录入僧籍。

从此玄奘就在净土寺为僧，开始认真学习佛法。到了他十八岁时，隋朝灭亡，唐朝建立，玄奘跟随自己的兄长游历荆、蜀等地，遍访佛寺，访求良师，学习佛理，足迹及于半个中国。后来玄奘深感众位师傅讲述佛法不一，各个佛经说的也各有差异，于是决定到佛教的发源地去求取真经。公元629年，玄奘离开了长安，孤身涉险，踏上了求取真经的旅程。一路上他历尽艰难，经秦凉高昌等地，抵天竺北境，即越过今之新疆北路，经中亚地区、阿富汗而进入印度境内。沿途瞻礼圣迹，迤逦南行，才到达摩竭陀国。

玄奘在印度最大的佛教寺院——那烂陀寺学习。那烂陀寺是当时印度境内最高的佛教学府，那里聚集了精通各种学问的著名学者和僧侣，玄奘在那烂陀寺待了五年，备受优遇，并被选为通晓三藏的十德之一（即精通五十部经书的十名高僧之一）。他博学多才的名声盛传印度各地。

公元641年，思念故土的玄奘踏上了万里归途，学有所成的他于公元645年回到了长安。玄奘的归来使得"道俗奔迎，倾都罢市"。不久，唐太宗接见他并劝其还俗出仕，但玄奘婉言辞谢。尔后留长安弘福寺主持译经，共翻译了佛教经文七十四部，共计一千三百三十五卷。他高超的翻译水平被人称道，他还口述由徒弟辩机笔录完成《大唐西域记》，这是玄奘游历印度、西域旅途十九年间的见闻录。其中，包括玄奘游学五印，大破外道诸论的精彩片段，是后世研究这一地区最为全面、系统而又综合的地理记述，是全世界珍贵的历史遗产。同时，他还将中国的哲学巨著《老子》翻译成梵文，对中印文化交流做出了巨大的贡献。

玄奘归国之后，在大慈恩寺广收门徒，座下三千弟子，皆成为出色的佛学家。他的日本弟子道昭学成之后，将玄奘创立的法相宗传播到日本，且流传至今。而玄奘西域取经的经历也被广为流传，最为熟知的就是四大名著之一的《西游记》。

公元664年，玄奘病逝，他的部分遗骨舍利保存在南京九华山玄奘寺内。

韩愈

　　韩愈，字退之，唐河内河阳（今河南孟县）人，他自称为郡望昌黎，世称他韩昌黎。晚年任吏部侍郎，又被人称为韩吏部，谥号"文"，世人又称他为"韩文公"，是唐代著名的政治家、文学家、哲学家、教育家。他三岁丧父，由兄嫂抚养成人，后跟随兄长贬官到广东。兄死后，跟随嫂子郑氏北归河阳，后迁居宣城。他七岁读书，十三岁能文，认真学习古训，并关心政治，自称"前古之兴亡，未尝不经于心；当世之得失，未尝不留于意也"，确立了一生努力的目标和方向。

韩愈的科举之路并不顺利，曾经三次科考都不中，经人推荐才做了一任小官。然而他的官场生涯也不甚顺利，多次大起大落。终于到五十岁时，韩愈因参与平定淮西之役表现出处理军国大事的才能，迁为吏部侍郎，进入朝廷上层统治集团。但两年后，他却因反对宪宗迎佛骨入大内而上表力谏，激怒宪宗，险些被宪宗处死，幸得裴度等大臣挽救，才被贬为潮州刺史。

在潮州八个月，宦官杀宪宗，立穆宗，韩愈被召回朝，后历官国子监祭酒、京兆尹、兵部侍郎、吏部侍郎等显职。韩愈在政治上主张国家统一，反对藩镇割据。公元821年任刑部侍郎，穆宗派兵攻打王廷凑的叛军，但迟迟不能取得成功，于是就派已经五十五岁的韩愈前去游说。韩愈不顾自身安危，面对叛军，他义正言辞地分析利害，并利用其内部矛盾，迫使王廷凑退兵，解除了朝廷的危机。韩愈在思想上尊重儒学反对佛教，常以孔孟道统的继承者自居，致力于复兴儒学。他为人耿直，为官清正。公元803年，关中大旱，饥民遍野，时任监察御史的韩愈为民请命，结果得罪了权臣被贬到了广东阳山。

韩愈是唐代著名的文学家。他和柳宗元共同领导中唐古文运动。他反对华丽的骈骊之文，提倡散句单行、自由灵活、言之有物的古文。而他的文章善于推陈出新，富有独创性，内涵深厚，语言丰富灵活，极富于表现力，风格雄辩恣肆，气势磅礴，呈现出一种刚健的美，是中古以来文章之典范。苏轼称誉他"文起八代之衰"。他的诗也别开生面，勇于创新，擅长长篇古风，采用散文式的章法笔调，气势雄浑，才力充沛，形成了自己的独特风格——"以文为诗"，开创了自李杜之后的又一个重要的流

中国名人故事

派"韩孟诗派"。

公元824年，五十七岁的韩愈病逝于都城长安，朝廷追封他为礼部尚书。

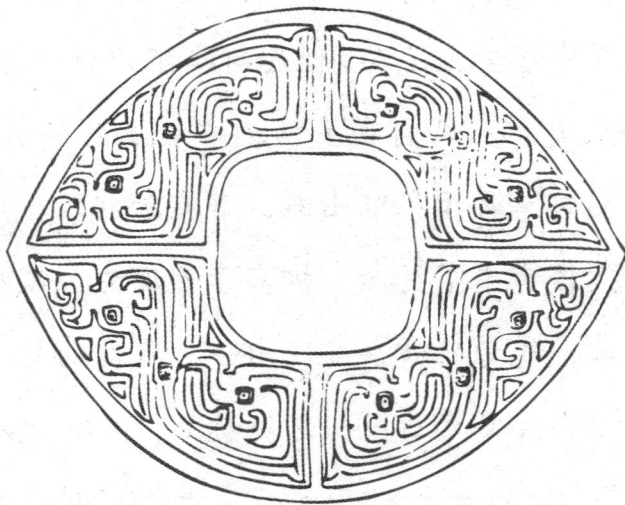

司马光

司马光，山西夏县涑水乡人，初字公实，更字君实，号迂夫，晚号迂叟，世称涑水先生，北宋大臣、史学家，宝元进士。他从小就喜好读书，五六岁时就能熟读《论语》和《孟子》，司马光七岁时，稳重的样子如成人，听到别人讲《左氏春秋》，非常喜欢，回去为自己的家人讲授，直到了解它的大意。从此手不离书，不知饥渴寒暑。

公元1038年，司马光二十岁的时候，中进士甲科，初任奉礼郎、大理评事一类小官，后经枢密副使庞籍的推荐，入京升为馆阁校勘，知同礼院，改并州通判。公元1061年升迁起居舍人同知谏院，神宗即位后成为翰林学士。

从小勤奋好学、博通经史的司马光出仕后也一直坚持读书，尤其喜好研读历代的史书。他在当馆阁校勘时，看到满架全都是史书，想到如此浩瀚的朝野史籍，一个人穷毕生之精力也是看不完的。于是他逐渐产生了一个编写一本既系统又简明扼要的通史的想法，使人读了之后能了解几千年历史的兴衰得失，才能以史为鉴。于是他便在公事之余开始了《通志》的编写工作。

公元1066年，司马光将他写好的《历年图》五卷进献给英宗皇帝。后来又陆续编完《通志》八卷及《历代君臣事迹》。英宗看后，非常满意，要他继续写下去，并下诏设置书局，专事编写工作。司马光深受感动，更加努力地投入到编写工作之中。

第二年，英宗病逝，神宗即位。神宗对他的《通志》大加赞赏，认为它比其他的史书更便于阅读，也易于借鉴，并赐名《资治通鉴》，说它"鉴于往事，有资于治道"，还要亲自为《资治通鉴》作序。神宗即位后，支持王安石变法，本身主张"仁政"的司马光不同意王安石以法治国的政治主张。随着变法的推广，司马光和王安石这对朋友也因为政见的不同而变成完全对立的政敌，而此时的司马光觉得自己在朝廷已经不再有所作为了，就坚决请求离京外任，专心著书。公元1084年，《资治通鉴》最后脱稿修成，前后共历时十九年。

《资治通鉴》共二百九十四卷，它以时间为纲，事件为目，从周威烈王二十三年（公元前403年）记述，到五代的后周世宗显德六年（公元959年）征淮南停笔，涵盖十六朝一千三百六十二年的历史。它是中国第一部编年体通史，在中国官修史书中占有极重要的地位，同司马迁的《史记》合称为中国的"史学双璧"。

司马光为人温良谦恭、刚正不阿，其人格堪称儒学教化下的典范。他历仕仁宗、英宗、神宗、哲宗四朝，辅佐君主治理天下，用自己的一生践行着自己的理想。公元1089年，司马光病逝，朝廷追封他为太师、温国公，谥号文正。

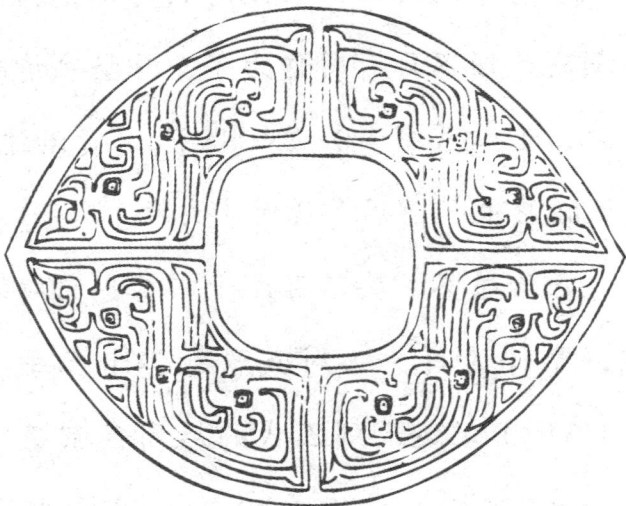

毕昇

　　毕昇是北宋时期的徽州人，一介布衣，普普通通的平民知识分子，也正因为如此，他的生平事迹和发明创造并没有在正史中记录，但是在北宋大科学家沈括的《梦溪笔谈》中比较完整地记录了毕昇及其发明的活字印刷术。

　　我国是最早使用印刷术的国家，早在公元7世纪，雕版印刷就广为应用了，到了宋代，经济的发展也促进了文化事业的发展，雕版印刷业也随之兴盛起来。但是雕版印刷最大缺点就是每印一本书都要重新雕一次版，不但要用较长时间，还不能重复使用，更不易修改和存

中国名人故事

放，这就加大了印刷的成本。雕版印刷已经越来越不能满足印刷业大量的需求，这个时候，身为一个从事雕版印刷工匠的毕昇，就发现如果改用活字版，只需雕制一副活字，则可排印任何书籍，活字可以反复使用。虽然制作活字的工程大一些，但以后排印书籍则十分方便。

毕昇认真地总结了前人的经验，反复琢磨研究，先后试验了多种制作活字的材料。他曾经尝试木制活字，但由于木头容易膨胀，又容易被印刷用的蜡和松香粘到一起，所以不能使用木制。毕昇经过了多次的实验，终于发现了胶泥活字印刷术。它的工序是先用胶泥做成一个个规格统一的单字，用火烧硬，使其成为胶泥活字，然后把它们分类放在木格里，以备排版之需。排版时，用一块带框的铁板做底托，上面敷一层用松脂、蜡和纸灰混合制成的药剂，然后把需要的胶泥活字一个个从备用的木格里拣出来，排进框内，排满就成为一版，再用火烤。等药剂稍熔化，用一块平板把字面压平，待药剂冷却凝固后，就成为版型。印刷时，只要在版型上刷上墨，敷上纸，加上一定压力，就行了。印完后，再用火把药剂烤化，轻轻一抖，胶泥活字便从铁板上脱落下来，下次又可再用。这种胶泥活版印刷术，比之前的雕版印刷，具有制版迅速、印刷质量好、可重复使用的特点，节省了大量的人力、物力，而且加快了印刷速度。毕昇的发明虽然并没有受到当时社会的重视，却对后世的印刷术的发展起到了促进作用，可以说这是印刷事业史上的一个划时代的创举。

活字印刷术是中国古代四大发明之一，如同其他三大发明一样，不仅推动了我国印刷业的发展，也在世界范围内产生了深远的影响，对日本和朝鲜、阿拉伯地区、欧洲等地的印刷技术都起到了启发的作用。活字印刷术的发明是印刷史上的一次伟大革命，为人类知识的传播开辟了广阔的道路，大大推动了中国和世界文明的发展，促进了世界文化的交流，为推动世界文明的发展做出了重大贡献。

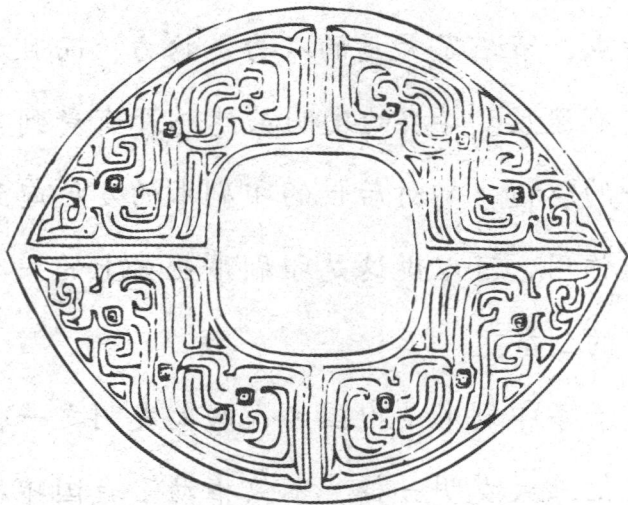

沈括

　　北宋时期出现了一位博学多才、成就显著的科学家，他就是沈括——我国历史上最卓越的科学家之一。他精通天文、数学、物理学、化学、生物学、地理学、农学和医学；他还是卓越的工程师、出色的外交家；同时，他博学善文，对音乐、医药、卜算等无所不精。他晚年所著的《梦溪笔谈》不仅是我国古代的学术宝库，而且在世界文化史上也有重要的地位，被誉为"中国科学史上的坐标"。

　　沈括，字存中，公元1031年生于浙江钱塘（今浙江杭州市）一个官僚家庭。他的父亲沈周曾在泉州等地任地方官。他自幼勤奋好读，在母亲的指导下，十四岁就读完了家中的藏书。后他跟随父亲游历天下，到过许多地方，增长了不少见闻，也显示出了超人的才智。"人间四月芳菲尽，山寺桃花始盛开"，当读到这句诗时，沈括就有了疑问："为什么我们这里花都开败了，山上的桃花才开始盛开呢？"为了解开这个谜团，沈括约了几个小伙伴上山实地考察一番。四月的山上，乍暖还寒，凉风袭来，冻得人瑟瑟发抖。沈括茅塞顿开，原来山上的温度比山下要低很多，所以才会有"山寺桃花始盛开"的美景呀。沈括就是凭借着这种求索精神和实证方法才写出了伟大的科学著作《梦溪笔谈》。

沈括三十三岁考中进士，三年后，被推荐到京师昭文馆编校书籍。在这里他开始研究天文历算。宋神宗熙宁五年（公元1072年），沈括兼任提举司天监，职掌观测天象，推算历书。接着，沈括又担任了史馆检讨，熙宁六年（公元1073年）做集贤院校理。因职务上的便利条件，他有机会读到更多的皇家藏书，充实了自己的才学。

宋神宗熙宁二年（公元1069年），王安石被任命为宰相，开始进行大规模的变法运动。沈括积极参与变法运动，受到王安石的信任和器重，担任过管理全国财政的最高长官等官职。熙宁九年（公元1076年），王安石变法失败。沈括因为受到牵连以及诗案败露等原因，开始了被流放的生活，他的政治生命宣告完结，于是他专心于著书。公元1087年，沈括花费十二年心血编修的《天下州县图》完成，被特许亲自到都城汴京进呈。次年，他定居润州梦溪园，安度晚年。

晚年的沈括在梦溪园认真总结自己一生的

经历和科学活动，写出了闻名中外的科学巨著《梦溪笔谈》和《忘怀录》等。他一生著作多达几十种，但保存到现在的，除《梦溪笔谈》外，仅有综合性文集《长兴集》和医药著作《良方》等少数几部了。

《梦溪笔谈》作为中国科学史上的坐标，是沈括一生社会和科学活动的总结，内容极为丰富，包括天文、历法、数学、物理、化学、生物、地理、地质、医学、文学、史学、考古、音乐、艺术等共600余条。其中200余条属于科学技术方面，记载了他的许多发明，其中有他数学研究方面的发现："隙积术""会圆术"，还有一些运筹方法，指南针装置方法，还有《十二气历》的编制等，可以说沈括是一个不可多得的科学通才。

沈括于公元1095年逝世。

苏轼

　　苏轼，字子瞻，号东坡居士，眉州眉山（今四川眉山）人。父苏洵、弟苏辙都是著名的散文家。母亲程氏是一位有知识又深明大义的女性，曾为幼年的苏轼讲述《范滂传》，用古代志士的事迹勉励儿子砥砺名节。可以说苏轼从小就接受了来自家庭的良好教育，加之他又是一个聪明好学的人，当苏轼二十一岁出蜀进京时，他的学识修养已经相当成熟了。

　　苏轼在宋仁宗嘉祐二年（公元1057年）中进士，官至翰林学士、知制诰、礼部尚书。苏轼胸怀儒家经世济民的政治理想，入仕后奋厉有用世之志。然苏轼一生仕途坎坷，曾经因为上书力言王安石新法之弊端，卷入了上层的政治冲突之中。公元1079年，四十四岁的苏轼在湖州任职时突然被捕，罪名是在诗文中攻击朝廷的变法，这就是"乌台诗案"。苏轼被贬至黄州，一住四年，而后的苏轼仕途一直坎坷，五十九岁时被贬往惠州，六十二岁时贬至儋州，到六十五岁才遇赦北归。苏轼去世前自题画像说："问汝平生功业，黄州、惠州、儋州。"

苏轼从小研读经史，受儒学思想影响较深，可谓"奋厉有当世志"。在他的一生中，对国家的政治事务，不管其见解是否正确，总是敢于坚持自己的意见，始终保持表里如一的精神，而这也是他一再被贬、仕途坎坷的缘由。在地方官任上，他也始终关心民间疾苦，努力兴利除弊，造福百姓，是一个富有社会责任感的士大夫。

然而经历多年宦海浮沉和人生挫折的苏轼，也清楚地看到政治斗争中不可避免的阴暗与险恶，更深切地了解了人生的无奈。于是他就从老庄哲学、佛禅玄理中追求超越的解脱。他把禅宗里的"平常心"和对待一切变故顺乎自然的生活态度结合起来，求得个人心灵的平静。正是这种人生态度，才使他创造出那么多流传千古的名篇。

　　苏轼是一位天才的文学巨匠，他的进退自如，他的宠辱不惊，都是后代文人的楷模。当种种不幸袭来之时，他都以一种旷达的宏观心理来对待，将对人生千般无奈、多种感慨，都赋予诗词之中，他的这种心境也带给他的诗歌一种独特的意境。苏轼破除了诗尊词卑的旧观念，扩大了词的表现功能，开拓了他词的意境。他的词豪放壮美，充分地表现了词人的性情抱负和人格个性，特别是他"以诗为词"，变革了词风，开豪放派先河，如《水调歌头》等。苏轼的散文蕴含哲理，引人深思，文章连贯，如行云流水一般，《赤壁赋》《石钟山记》都是不可多得的千古名篇。此外他还擅长书画，与黄庭坚、米芾、蔡襄，并称"宋四家"。

苏轼的成功更多来自他的人格精神，他既严正又平和，既坚持了士大夫积极入世、恪守信念的人格理想，又保持了士大夫追求超越世俗、追求平和的人格理想，可以说苏轼是古代士大夫"达则兼济天下，穷则独善其身"的典范，因而获得后世士大夫的普遍尊敬。

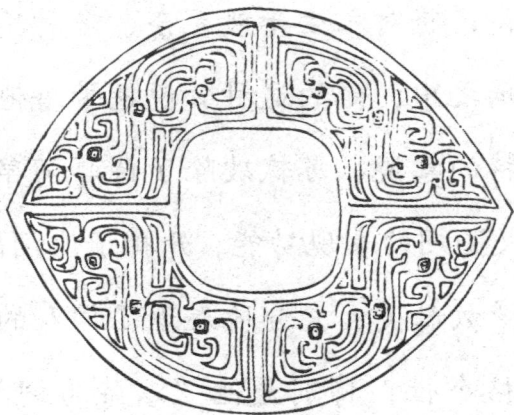

辛弃疾

　　辛弃疾，南宋爱国词人。原字坦夫，改字幼安，中年名所居曰稼轩，因此自号"稼轩居士"。是我国历史上伟大的豪放派词人、爱国者、军事家和政治家。辛弃疾的词现存六百多首，是两宋存词最多的作家，强烈的爱国主义思想和战斗精神是辛词的基本思想内容。

　　辛弃疾的祖父辛赞，因为家族的人口众多，靖康之变时没有跟随宋室南渡，于是只有留在金国做了官员，先后为谯县、开封等地守令。由于辛弃疾的父亲体弱多病，过早去世，所以他从小就随祖父辛赞生活。因为生长在金人占领区，辛弃疾自幼就决心为民族复仇雪耻，收复失地。公元1161年，辛弃疾二十二岁，率领两千多家乡父老起义抗金，南归宋朝，此后的二十年间他的人生可谓"金戈铁马，气吞万里如虎"。

自符离之役失败后，南宋王朝甘心对金朝俯首称臣，身为"归正人"的辛弃疾也因此备受冷落，所以南归之初，他只被任命为小小的江阴佥判，这时他还向孝宗上奏《美芹十论》，分析敌我形势，提出强兵复国的具体规划，但并未受到重视，接连几年都只是在地方任职。他在十三年间调换十四任官职，如此短暂的任期，使他无法在职务上有大的作为和建树，但他在任职期间，仍采取积极措施，招集流亡，训练军队，奖励耕战，打击贪污豪强，注意安定民生。公元1181年冬，四十二岁的辛弃疾因屡次力陈北伐大计，而受到弹劾被免职，又回到了上饶。此后二十年间，他大部分时间都在乡闲居。公元1203年，已六十四岁的辛弃疾被任为绍兴知府兼浙东安抚使，年迈的他精神为之一振。第二年，他晋见宋宁宗，慷慨激昂地说了一番金国"必乱必亡"的话，并亲自到前线镇江任职。那一年，六十五岁的他登临北固亭，感叹自己报国无门的境遇，凭高望远，抚今追昔，于是写下了《永遇乐·京口北固亭怀古》这篇千古佳作。但他又一次受到了沉重打击，在一些谏官的攻击下被迫离职，于当年重回故宅闲居，从此郁郁不得志，忧愤成疾而终，享年六十七岁。

辛弃疾的一生是"以气节自负，以功业自诩"的一生，他和陆游一样，是南渡后坚决主张北伐复国的代表人物，从他二十几岁起义抗金之后，便把洗雪国耻、收复失地作为自己的毕生事业。

辛弃疾是南宋爱国词派的领袖与旗帜，他的词多是抒发报国的壮志，揭露投降派的可耻行径，表达慷慨激昂的爱国感情，反映出"男儿到死心如铁，看试手，补天裂"的壮志豪情和以身报国的高尚理想，其意境深远，气势雄伟，风格豪放悲壮。特别是他在苏轼的基础上，大大开拓了词的思想意境，提高了词的文学地位，后人遂以"苏辛"并称。

辛弃疾，是开一代词风的伟大词人，有《稼轩长短句》一辑长留于世，同时他也是一位能征善战、熟稔军事的民族英雄。

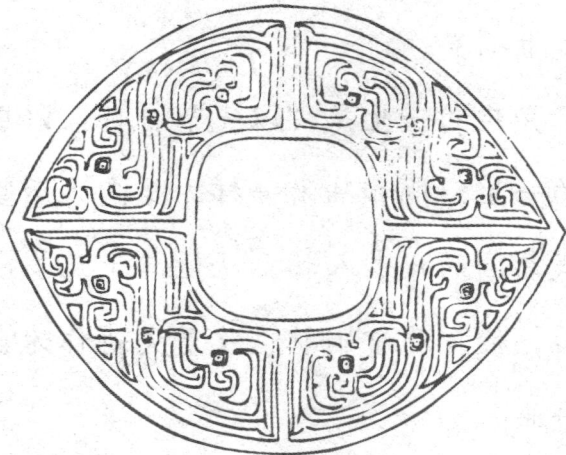

李清照

　　"生当作人杰，死亦为鬼雄"，如此豪放的诗句，竟然出自一位女性的手笔，她就是南宋杰出女文学家，有"千古第一才女"之称的李清照。

　　李清照，济南章丘人，号易安居士。她生于一个爱好文学的士大夫家庭，在家庭熏陶下小小年纪便对诗词散文、书画音乐无不通晓，不到十一岁，她的诗文就已闻名于乡里。她非常喜好读书，学问渊博，经常手不释卷，不论几案或枕上，尽都是书，终日沉醉其中。她十八岁与太学生赵明诚结婚，夫妇感情很好。

他们俩在学术上互相切磋，共同的爱好和兴趣，使他俩成为"志同道合"、"相敬如宾"的爱侣。他们在艺术上共同砥砺，多半的时间，都是醉心于中国的文化，除做诗填词互相唱和外，又搜集许多古代金石书画，考证古来圣贤遗迹及君臣行事。他们过着平静而富有诗意的幸福生活。

然而好景不长，公元1127年，金国军队攻破了汴京，徽宗、钦宗父子被俘，高宗南逃，史称靖康之变。李清照夫妇也随难民流落江南，在这期间，他们丢失了多年搜集来的金石字画，这给她带来沉痛的打击和极大的痛苦。同年，赵明诚被任命为建康知府，却在一次金军攻城时弃城而逃，李清照对其颇为失望，赵明诚也自感羞愧，心情郁郁，后死于上任湖州知事途中。丈夫病死后，她独自漂泊在杭州、越州、金华一带，目睹了国破家亡的李清照"虽处忧患穷困而志不屈"，金兵的横行肆虐激起她强烈的爱国情感，她积极主张北伐收复中原，可是南宋王朝软弱无能只想偏安一隅，使李清照的希望成为幻影，在凄苦孤寂中度过了自己的晚年。

由于人生境遇的改变，她的词风也随着境遇有所改变。南渡之前，她多是创作闺阁生活题材的词，往往写伤春怨别之情；南渡之后，她的词充满了"物是人非事事休"的伤感情调，多是对故国旧事的眷恋。李清照的词文辞绝妙，独具一家风貌，被后人称为"易安体"，她也被尊为婉约宗主。她不仅作词，还能写诗，她的诗多咏史寓今，慷慨气质。同时她还做《词论》。提出"词，别是一家"的观点，注重词体的音律、情致等特点，并指出了柳永，苏轼等词家的不足。在晚年她还殚精竭虑，编撰《金石录》，完成丈夫未完成的心愿。

　　李清照作为中国古代少有的女作家，她不仅有卓越的才华，渊博的学识，而且有高远的理想，豪迈的抱负，既有巾帼之淑贤，更兼须眉之刚毅，她以其惊人的才智，杰出的创作，在中国古代文学史上留下浓墨重彩的一笔。

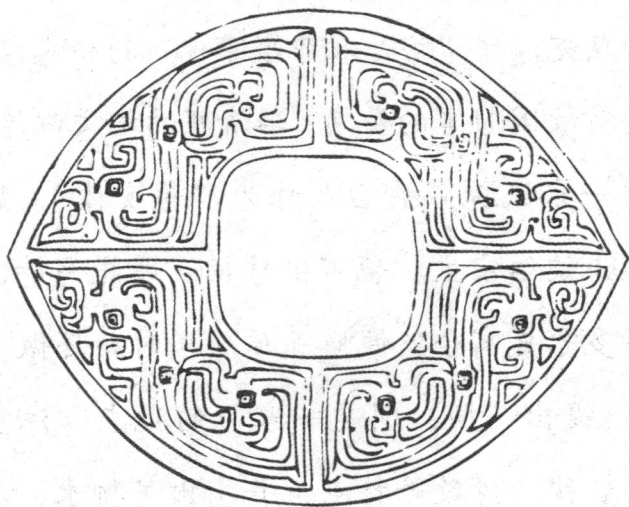

岳飞

　　岳飞（1103–1142）字鹏举，北宋相州（今河南）人。中国历史上著名战略家、军事家、民族英雄、抗金名将。从小家贫，却勤奋好学，练就一身好武艺，有保家卫国、收复故土、统一祖国的强烈愿望。公元1125年，金军大举进犯北宋，岳飞毅然应募参军，从此开始了他的军旅生涯。深明大义的岳母临行前在他的背上刺了"精忠报国"四个大字，鼓励他英勇杀敌，保家卫国。

　　岳飞不负母亲的期望，努力杀敌，英勇作战，终于成为率军的将军。公元1127年，金军大破开封，宋徽宗赵佶、宋钦宗赵桓被掳走后，北宋王朝灭亡，同年五月，高宗即位，建立南宋。公元1129年，金军占领建康，岳飞率兵收复失地，高宗任命其为通泰镇抚使，此后，岳飞北抗金军，南平叛乱，岳家军扩大到四万人。

公元1136年，岳飞率军北伐，攻占了金军的重要"仓库"，但由于高宗本愿偏安一隅，不愿北伐，所以孤战无援的岳家军不得不退兵，岳飞悲愤地写下了那首《满江红》，表达自己壮志难酬的无奈。

公元1138年，南宋和金国签订了《绍兴和议》。本以为从此天下太平，可是没过两年，金国再次进攻南宋。同年七月，岳飞亲率一支轻骑驻守河南郾城，和金兀术一万五千精骑展开激战。岳飞亲率将士，向敌阵突击，大破金军，把金兀术打得大败。岳家军将士具有"守死无去"的战斗作风，敌人以排山倒海的大力，也不能把岳家军撼动，于是金军发出了"撼山易，撼岳家军难"的哀叹。郾城大捷后，岳飞想乘胜追击，一举歼灭敌军，再向前跨出一步，沦陷十多年的中原便可收复。可惜软弱的高宗无心恋战，朝有奸臣频进谗言，于是高宗连下十二道金牌，急令岳飞班师回朝。岳飞明知这是权臣用事的乱命，但为了保存抗金实力，不得不忍痛班师。岳飞愤慨地说："十年之功，废于一旦！"岳飞英勇的抗金斗争，至此被迫中断。金军在岳家军撤退后重又占领了河南等地。

岳飞回到临安，立即陷入秦桧等人的罗网。公元1141年，他以"莫须有"的罪名被毒死在风波亭。临死前，他在供状上写下"天日昭昭，天日昭昭"八个大字，表明苍天有眼，为其鸣冤。

岳飞虽然被杀害了，但他精忠报国的爱国

思想，光明磊落的浩然正气，为后世留下了宝贵的精神财富。他的军事思想和治军方略，都表现在他的奏章、诗句之中，后人将他的文章编成《岳武穆遗文》，又名《岳忠武王文集》。后人为了纪念和凭吊他，在美丽的西子湖畔为他建造了一座岳王庙，庙前有联"青山有幸埋忠骨，白铁无辜铸佞臣"。岳飞墓前有四个铁铸的人像，他们皆反剪双手，面墓而跪，即陷害岳飞的秦桧、王氏、张俊、万俟卨四人，他们就在这里受历朝历代人们的唾骂，而被他们陷害的岳飞，却受到万世的敬仰，他的爱国精神和英雄气概激励着一代又一代的有志青年。

陆游

在中国有一首家喻户晓的古诗《示儿》，诗是这么写的："死去元知万事空，但悲不见九州同。王师北定中原日，家祭无忘告乃翁。"这首诗是一位父亲对儿子的临终遗嘱，垂死的老人不忘因为外族入侵而山河破碎的祖国，希望自己的孩子能在祖国光复的那一天，告诉他胜利的消息。从这首诗中，人们可以感觉到一位诗人在人生的弥留之际强烈的爱国之心，他就是中国古代最伟大的爱国诗人之一陆游。

陆游，南宋诗人、词人，字务观，号放翁。陆游具有多方面文学才能，尤以诗的成就为最。他十二岁即能诗文，一生作品丰富，有《剑南诗稿》《渭南文集》等数十个文集存世，自言"六十年间万首诗"，今尚存九千三百余首，是我国现有存诗最多的诗人，在文学史上有着深远的影响。

陆游出生的第二年即公元1126年，北宋被金人所灭，陆游跟父亲经过了一段流亡岁月，才回到老家。陆游从小受到父亲强烈爱国思想的熏陶，很早就养成了忧国忧民、渴望国家重建的志向。正如他诗中所写，"上马击狂胡，下马草军书"。

三十岁时，陆游参加科举，名列第一，无奈因名次在秦桧之孙（秦埙）之前，又因"喜论恢复"，屡受排挤，直到秦桧死后才得以被起用。公元1162年，宋孝宗准备北伐，因而召见了他，陆游趁此良机提出了许多政治军事主张，但是北伐失利，宋再度向金求和，孝宗意志动摇，陆游也就被削职还乡。陆游一生数次做官，皆不受重用，他任朝议大夫礼部郎中时，因连上奏章，谏劝朝廷减轻赋税，而遭到权臣的弹劾。此后，陆游长期蛰居乡间，于公元1210年与世长辞。

陆游的诗大致可以分为三个时期：第一期是从少年到中年入蜀以前。这一时期存诗仅二百首左右，作品主要偏于文字形式，尚未得到生活的充实。第二期是入蜀以后到他罢官东归，前后近二十年，存诗两千四百余首。这一时期是他充满战斗气息及爱国激情的时期，也是其诗歌创作的成熟期。第三期是长期蛰居故乡山阴一直到逝世，亦有二十年，现存诗约近六千五百首。诗中表现了一种清旷淡远的田园风味，并不时流露着苍凉的人生感慨。陆游的诗以现实主义为主，各体兼备，古体、律诗、绝句都有出色之作，所做诗篇都洋溢着浓厚的爱国情怀。

陆游的诗歌风格追求雄浑豪健，气势奔放，境界壮阔，陆游将李白的飘逸奔放和杜甫的沉郁悲凉合为一体，构成了他独特的诗风。陆游擅长的诗体是七言诗，尤以对仗工整著称。陆游词作不多，现存词共有一百三十首。他的词也风格多样并有自己的特色。有清丽缠绵的婉约词，也有寓意深刻苍远的词，最能体现他个性的是他的那些慷慨雄浑、荡漾着爱国激情的词作，如《汉宫春》《箭箭雕弓》等。陆游在散文上也著述颇丰，而且颇有造诣，有《剑南诗稿》八十五卷等。

提起陆游，很多人都能将他的诗作信手拈来："当年万里觅封侯，匹马戍梁州"，"夜来卧听风吹雨，铁马冰河入梦来"。他诗里的慷慨义气，他的诗剑生涯，一样激扬从容，他的爱国之情，始终令人动容，这也是陆游千百年来深受人们尊重与喜爱的原因。

郑和

郑和是中国历史上伟大的航海家，世界文明交流的先行者。在1405—1433年的二十八年间，郑和率领船队七下西洋，打通并拓展了中国与亚非三十多个国家和地区的海上交通，开通了"海上丝绸之路"，为世界航海事业的发展和各国人民的交流做出了不可磨灭的贡献。

郑和七下西洋，最多时率船二百多只，人员达两万七千多人，主要航线多达四十多条，总计航程十六万海里，在世界古代航海史上是人数最多、行动范围最广的远洋航行活动。公元1405年郑和首下西洋，这比哥伦布发现美洲新大陆早八十七年，比达·伽马经过好望角早九十二年，他无疑在人类文明史及世界航海史上写下了辉煌的一页。

公元1371年郑和出生于云南昆阳，乳名三保。郑和本姓马，从小生长在信奉伊斯兰教的回族家庭中。郑和的先世是西域布哈拉人，即元朝的色目人，父亲在明太祖朱元璋发动的统一云南的战争中死去，十一岁的郑和被明军俘获，遭到阉割，随后被送到当时的北平燕王朱棣府上做了宦官，深受器重，并赐予国姓"郑"，从此改名郑和。

明成祖即位之后，明朝的经济得到了更加迅速的发展，中国成为了当时经济实力最强大的国家之一，但南海一带海盗猖獗，严重威胁明朝的外部安全环境和贸易往来。为了剿灭海匪，调节和缓和与各国之间的矛盾，平息冲突，维护东南亚和南亚地区的稳定和海上安全，树立中国在海外的威望与影响，明成祖决定派舰队出海远渡西洋，扬我国威。

郑和知识丰富，熟悉西洋各国的历史、地理、文化、宗教，具有卓越的外交才能，而且曾出使暹罗、日本，有进行外交活动的经验，并且机智勇敢，器宇轩昂，于是成祖决定出使西洋的团队，就由郑和带领。

从明永乐三年（公元1405年）至宣德八年（公元1433年），郑和先后率领庞大船队七下西洋，经东南亚、印度洋，亚洲、非洲等地区，最远到达红海和非洲东海岸。据记载，郑和曾到达过爪哇、苏门答腊、苏禄、彭亨、真腊、古里、暹罗、榜葛剌、阿丹、天方、左法尔、忽鲁谟斯、木骨都束等三十多个国家，最远曾达非洲东部，红海、麦加，航海足迹遍及亚、非等三十多个国家和地区。这七次航行的规模之大，人数之多，组织之严密，航海技术之先进，航程之长，不仅显示了明朝国家的强大，也充分证明了郑和统率千军的才能，促进了我国与海外各国的经济文化交流。

公元1433年，已经头发花白的郑和结束最后一次远航，带领着船队顺利返回南京，完成了自己的使命。公元1434年郑和在南京病逝。郑和七下西洋为我们留下了宝贵的财富，他的航线被绘制成《郑和航海图》，成为我国第一份远洋航海图，郑和的随员所写《瀛涯胜览》《星槎胜览》《西洋番国志》，都成为了世界航海史、地理学史及中外交通史的重要文献。

李时珍

提到中国的中医药典,《本草纲目》是不得不提的一部经典, 这部药物学巨著的作者就是明朝著名的药学家李时珍。

李时珍出身于世代行医的家庭。祖父和父亲都是热心替人诊治疾病的医生。由于受家庭和环境的影响, 他自小就爱好和熟悉草木虫鱼的学问。他聪明好学, 很小的时候, 就能够把大段难懂的《释鸟》《释兽》等文章背诵如流。他虽热爱医学, 但看到医生的社会地位低下, 所以他最初也曾想通过科举, 实现他父亲对他出人头地的期望。三次应试失败后, 他便决心按照自己的意愿，继承父业，专心钻研医药学。二十五岁，李时珍开始行医，他医术精湛，仁心仁术，由于治好了镇守武昌的楚王的儿子，在公元1556年，被荐送到北京太医院。但由于皇帝迷信长生不老的炼丹之术，在太医院他却没有受到应有的重视，然而却使他有了一个很好的学习场所。在那里，他翻阅了不少医药经典，在太医院工作了约一年时间，他就托病辞职了，继续过着行医和著述的生活。

在行医过程中，他发现先人所著的《本草》存在错误，而这些错误可能是致命的，因此他就萌生了重新编写一部药典的想法。公元1552年，三十五岁的李时珍开始了《本草纲目》的编写工作。

在编写过程中，他脚穿草鞋，身背药篓，带着学生和儿子翻山越岭，访医采药，足迹遍及半个中国的广大地区，走了上万里路，倾听了千万人的意见，参阅各种书籍八百多种，历时二十七年，终于在他六十一岁那年写成这部伟大的著作。这部著作吸收了历代本草著作的精华，尽可能地纠正了以前的错误，补充了不足，并有很多重要发现和突破。李时珍治学严谨，在《本草纲目》写成后，为了把这部书编写得更充实、更完备，又用了十多年时间，做过三次大的修改，每次修改，几乎都是推翻成稿，重新编写，直到大约1590年左右开始刊刻为止。

全书共190多万字，载有药物1892种，收集医方11096个，绘制精美插图1160幅，分为16部，60类。在《本草纲目》中，李时珍废除了古老的上、中、下三品分类法，而以水、火、土、金石等16部门，60类，对所载药物一一作了详细介绍。对每味药物，都尽可能地阐述其性味、主治、用药法则、产地、形态、采集、炮制、方剂配伍等，全书还附各类方剂11096则。

公元1593年，李时珍去世。他穷毕生之力完成的药学巨著《本草纲目》为中国古代医药学发展做出了突出的贡献。从17世纪起，《本草纲目》流传世界各地，被译成日、英、法、德、俄、朝鲜、拉丁等多种文字出版，成为各国药物研究者必须参考的重要文献，是中国医药史上流传百世的瑰宝。

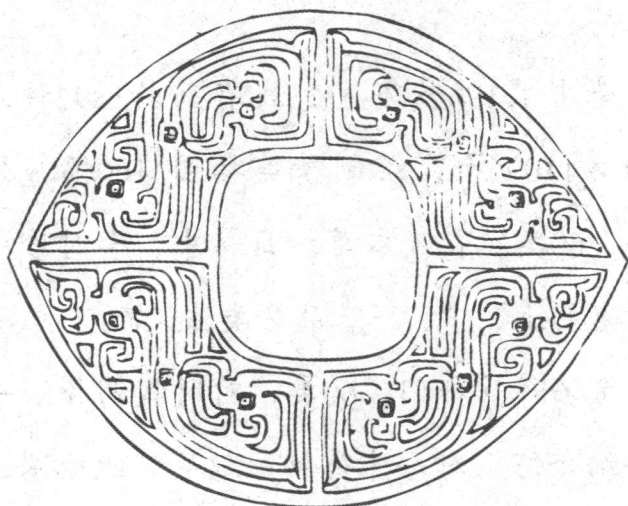

郑成功

公元1662年，一位英雄成功收复了被荷兰殖民者侵占的台湾，三十八年之后宝岛终于回到了祖国的怀抱，而这位民族英雄就是郑成功将军。

郑成功，明清之际民族英雄，本名森，又名福松，字明俨，号大木，福建省南安市石井镇人。他的父亲郑芝龙早年在日本经商，娶了田川家的女儿为妻。公元1624年，郑成功出生在日本长崎。有一个故事是关于他"福松"这个小名的由来的。话说田川夫人怀孕之后，有一天到海滨散步，没想就要临盆了，结果就在一棵大的松树下生了郑成功，所以他才得了这个小名。

郑成功回国之后，父亲郑芝龙已经成为了明朝的福建总兵，郑氏家族成为了福建一带显赫的家族。他"少年聪敏，英勇有为"。八岁能通读《四书》《五经》，十岁能写八股文，十一二岁，兼习《春秋》《左传》《孙子兵法》，并能舞剑学射。二十一岁入南京国子监太学，气宇轩昂，才华横溢，获得师长称赞："此人英雄，非人所得比。"后来南明皇帝赐他朱姓，并封忠孝伯，这也就是他俗称"国姓爷"的由来。

此时，清军攻陷南京，明朝濒临灭亡，郑芝龙等拥立唐王朱聿键为皇帝，建年号隆武。郑芝龙因为拥戴有功，掌握了军政大权，一方面他以筹军饷为名大肆搜刮钱财，另一方面借军饷不足为名迟迟不肯北上抗清，还和降清的将领暗自勾结。

　　清兵入福建，其父郑芝龙迎降，郑成功哭谏不听，从此与父亲决裂。郑成功和叔父带领一批将士迅速转移到金门岛，以鼓浪屿为大本营，统一了闽南的军事力量，成为东南抗清军民的领袖。同时他在沿海设立神秘组织"五大商"，用来刺探清朝政府的大事小情，并根据掌握的情报，知晓清军动向，及时调整军队的战略部署。从1655年之后，郑成功先后组织了五次北伐，第五次北伐竟然成功地将南京层层包围，当时的南京守军总督自知寡不敌众，就用假降骗过了郑成功，接着清军反攻，第五次北伐失败。

　　不久后，他决定改变策略，收复台湾，再图复明大业。公元1661年，郑成功亲率两万五千名兵将，分乘百艘战船，从金门出发。他们冒着风浪，越过台湾海峡，直取台湾。九

中国名人故事

个月后，台湾城内的粮草皆断，最终荷兰人被迫到郑成功大营，在投降书上签了字，承认台湾是中国领土。

但是，台湾刚刚光复，郑成功却听闻自己的父亲及全家被清军灭口的噩耗，而后就是明朝王室最后一位君主永历皇帝也被吴三桂杀害，郑成功经受不起如此家国两重残酷的打击，一病不起，于1662年5月8日病逝。

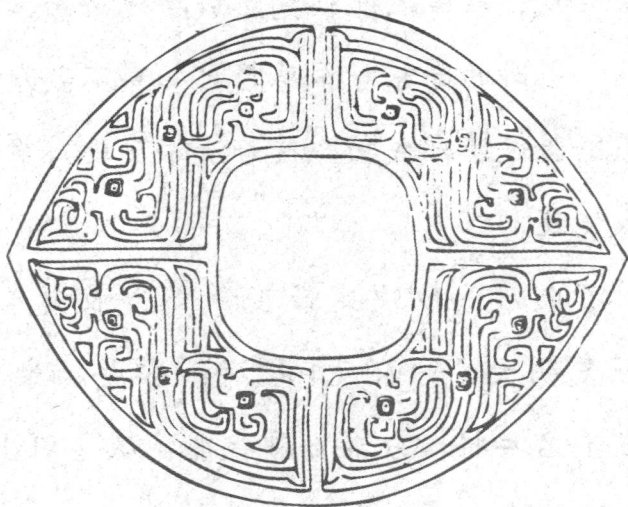

曹雪芹

　　曹雪芹名霑，字梦阮，雪芹是其号，又号芹圃、芹溪，祖籍辽阳，先世原是汉族，后为满洲正白旗"包衣"人。其曾祖曹玺任江宁织造，曾祖母孙氏做过康熙帝玄烨的保姆，祖父曹寅做过玄烨的伴读和御前侍卫，后任江宁织造，兼任两淮巡盐监察御使，极受康熙的宠信。玄烨六下江南，其中四次由曹寅负责接驾，并住在曹家。

　　曹寅病故后，其子曹颙、曹頫继任。他们祖孙三代四人先后任江宁织造达六十年之久，家世极其显赫。曹雪芹自幼就是在这"秦淮风月"之地的繁华生活中长大的，又是家里少数的男丁，自然是全家上下钟爱有加，加之从小就是个顽劣的孩子，又颇喜好读杂书，自然见识不同于一般人。

康熙晚年，众皇子为继承皇位明争暗夺，曹家由于支持了八皇子，受其牵连，四皇子雍正即位后，曹家就遭受一系列打击。曹頫以"行为不端"、"骚扰驿站"和"亏空"罪名被革职，这时，曹雪芹随着全家迁回北京居住，曹家从此一蹶不振，日渐衰落。

经历了人生的重大转折，曹雪芹深感世态炎凉，对社会人情有了更清醒、更深刻的认识。他蔑视权贵，远离官场，过着贫困如洗的艰难日子。他每天和八旗子弟到处游荡，大家羡慕他的才气，都喜欢与他做朋友。而洒脱不羁的他交友也不论出身，只要脾气相投他便视为知己。

成年之后，他在右翼宗学担任教习，然而他性格狂放，不愿过宗学里刻板的生活，不久就丢了差事。从此他的生活也愈发地艰难起来，没多久就变卖了祖产，移居北京西郊，生活更加穷苦，可谓"满径蓬蒿"，"举家食粥"。

曹家由盛而衰，曹雪芹也由贵公子跌落为"寒士"。这种天壤之别的生活变化不能不引起他对过去的经历做一番痛苦而深刻的回忆，终于，他在饱经沧桑之后，把郁结的情感、悲剧的体验、卓越的才华都熔铸到《红楼梦》这部旷世奇书里。

《红楼梦》以贾宝玉，林黛玉之间的爱情故事为主线，描写了以贾府为首的四大家族由盛及衰的过程，猛烈抨击了封建道德的虚伪和腐朽，热情歌颂了新生的不可抗拒的叛逆精神。小说规模宏大，结构严谨，语言清新流畅，优美生动，书中塑造了许多富有典型性格的艺术

中国名人故事

形象，具有卓越的艺术成就和中华民族浓厚的文化底蕴，是我国古典小说的艺术最高峰。

1762年，曹雪芹的幼子夭亡，他陷入极度的忧伤和悲痛中，卧床不起。1763年2月12日，曹雪芹在贫病交加中过世。可惜的是，他的《红楼梦》只写了八十回尚未写完，小说的后四十回是高鹗续补的，他的续写虽然使小说完整，然而艺术成就却大不如前。

曹雪芹死后，官府把《红楼梦》列为禁书，然而它却以手抄本的形式在民间广为流传。如今，研究小说《红楼梦》已经成了专门的学问"红学"，可见《红楼梦》的影响之深。

林则徐

1839年6月3日，林则徐下令在虎门海滩当众销毁鸦片，这次销烟是中国近代史上反对帝国主义的重要史例，也是人类历史上旷古未有的壮举。它展示出了中华民族反对外来侵略的决心，对中国人民抗击外来侵略有着标志性的意义。领导此次销烟的林则徐则是当之无愧的爱国英雄。

林则徐出生在一个比较贫困的知识分子家庭，父亲林宾日是私塾先生，以教读、讲学为生。仅靠父亲微薄收入无法维持生活，于是，母亲用手工劳动来分担家庭的困窘。后来他中了进士，开始仕途，1820—1836的十几年间，林则徐在外为官。他勤于政务，忠于职守，体恤民情，清正廉明，受到了百姓的爱戴。林则徐后来升任河东河道总督，他亲自检验沿岸的工程，为受灾的百姓上书请求减免赋税，并提出根治水患的治河方案，为百姓造福。

1837年，林则徐升任湖广总督。当时鸦片已经成为了社会的重要问题，英国向中国大量地倾销鸦片，每年运达中国的鸦片已经多达四万箱左右。社会上从官僚到学生、商人、士兵，吸食鸦片的人越来越多，中国社会日益消沉。

1838年，道光皇帝特命林则徐为钦差大臣，去广东主持禁烟。1839年3月，林则徐到了广州，禁烟运动迅速展开。他一面加紧整顿海防，严拿烟贩；一面限令外国烟商交出鸦片，于6月3日在虎门海滩上当众销毁。在古老的虎门，愤怒的人们把一箱箱鸦片倒入石灰池销毁。这次销烟至6月25日结束，共历时二十三天，销毁鸦片19187箱和2119袋，总重量2376254斤。这就是震惊中外的虎门销烟。

1840年，第一次鸦片战争爆发。大敌当前，林则徐直接督导广东水师，一边积极备战，修建炮台，拉拦江木排铁链，同时相信"民心可用"，组织民众武装，保家卫国，英军只好沿海北犯，进逼北京。道光皇帝惊恐万分，竟下令将主持硝烟的林则徐革职查办。林则徐抗英有功，却遭投降派诬陷，被革职，"从重发往伊犁，效力赎罪。"他忍辱负重，公元1841年踏上戍途。

在新疆，林则徐不顾年高体衰，遍访新疆各地，实地勘察了南疆八个城，并在所译资料中发现沙俄对中国的威胁，促成了他抗英防俄的国防思想，成为近代"防塞论"的先驱。并且他明确向伊犁将军布彦泰提出"屯田耕战"，有备无患的要求。他还领导群众兴修水利，推广坎儿井和纺车。人们为纪念他的业绩，称为"林公井""林公车"。林则徐的仕途虽然坎坷多变，但是无论升迁还是遭贬，无论官位高低，他总是在自己的岗位上恪尽职守，尽职尽责，有所作为。

1850年，清政府为清剿太平军，再次重用他，任命其为钦差大臣，督理广西军务。在赴任途中，林则徐暴卒于潮州普宁县行馆，终年六十六岁。死后赠太子太傅，谥号文忠。

林则徐真可谓"居庙堂之高则忧其民，处江湖之远则忧其君"的人物。他不仅居官为民、为君，也时刻想着如何建设好自己的祖国。他是中国近代"开眼看世界的第一人"。

他翻译的《四洲志》是近代中国第一部系统介绍世界自然地理、社会历史状况的译著。

他还搜集了外国人对中国的看法，编成《华事夷言》一书，并翻译《各国律例》用以了解外国的法律。在林则徐的推动下，广州一时间"海外图说毕集"，成为中国人看海外的中心。

　　林则徐，这位中国近代史上的重要人物，在中国几千年来空前激变动荡的时代，开一代风气之先，努力给中国文化引入新东西，对后人探索救国之路具有重大的启迪作用，也对后来的洋务派、维新派产生了重要的影响。

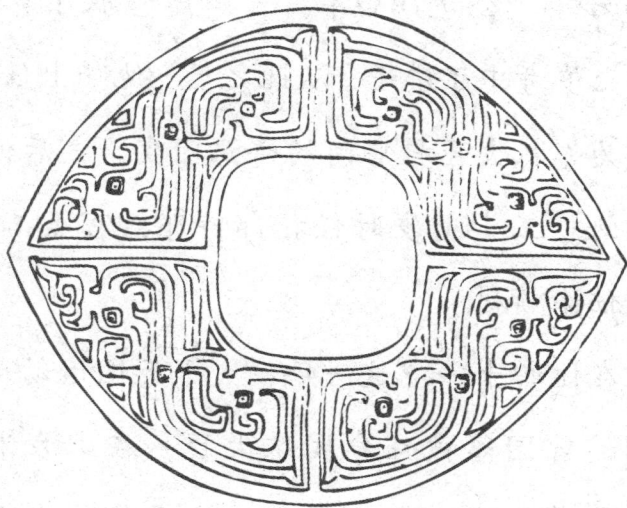

曾国藩

　　曾国藩是近代中国最显赫和最有争议的人物之一。他出生于公元1811年，初名子城，字伯函，号涤生，湖南湘乡人。他自幼天资聪明，勤奋好学。公元1832年，曾国藩考取了秀才，二十七岁考中了进士，从此之后，他踏上仕途，并成为军机大臣穆彰阿的得意门生，之后他连升十级，三十七岁时任礼部侍郎，官至二品，可谓仕途顺利。

　　在他四十一岁这一年，太平天国运动席卷中国，曾国藩被任命团练大臣，在家乡湘江流域招募士兵，组织军队。他率领这支人称湘军的部队镇压中国历史上规模最大的农民起义——太平天国运动，因他作战英勇，被封为一等勇毅侯，成为清代文人被封武侯的第一人。他带领的湘军也在镇压晚清的各地农民起义中迅速成长。

随后他历任两江总督，负责节制浙、苏、皖、赣四省的军务，1865年调任钦差大臣，奉命征讨捻军。虽因战败而辞去职务，但他的军事思想、战略战术有很多值得今人借鉴的地方。

曾国藩还是洋务运动的倡导者之一，在他的"师夷长技以制夷"的倡议下，中国建造了第一艘轮船，第一所兵工学堂，先后设立了安庆军械所、江南机器制造局，还翻译印刷了第一批西方书籍，安排了第一批赴美留学生。虽然洋务运动没能挽救清王朝的覆灭，对后世却有深远影响，推进了中国社会的近代化进程。可以说曾国藩是中国现代化建设的开拓者。

zhong guo ming ren gu shi

曾国藩的这些举措，使晚清一度出现了"中兴"的局面，他与左宗棠、胡林翼、彭玉麟被史学界称为"中兴四大名臣"。

曾国藩是儒学文化典型的实践者，他的一生实践了中国人"立德、立功、立言"的理想，他践行了《大学》中"正心、诚意、格物、致知、修身、齐家、治国、平天下"的目标。为官，他以德求官，以忠谋政，在官场上获得了巨大的成功；做人，他修身律己，礼治为先，受大家的敬仰；为学，他博览群书，满腹经纶，才华横溢，文章写得很有气度，富有特色，发人深省。

曾国藩是中国近代史上备受人们关注的风云人物，对他的评价也褒贬不一。有的认为他是腐朽的封建势力代表，有的认为他是治世之能臣，万世之楷模。然而客观地说，曾国藩既能舞文弄墨，又能舞枪弄棒，"文能应试，武能杀人"，书写出治家治国的传世名言，缔造出一支强悍无比的湘军。从一个普通子弟，成长成为"中兴第一名臣"。如此才能不得不使后人敬佩，他的人生经验也确实值得后人学习。

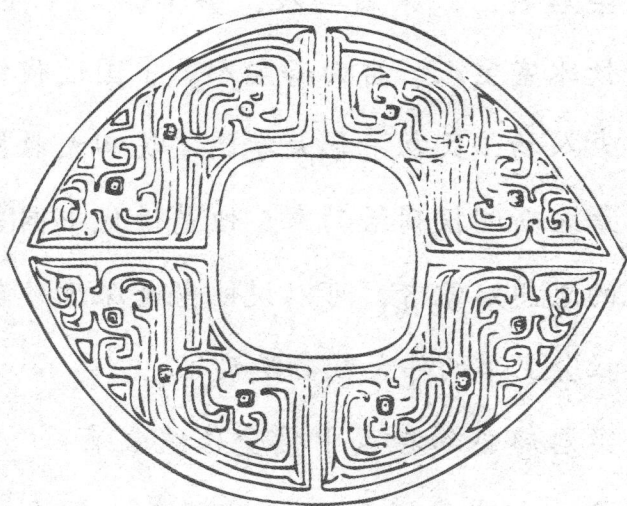

梁启超

梁启超，广东新会人，字卓如，号任公，又号饮冰室主人、自由斋主人。中国近代维新派代表人物，民初清华大学国学院四大教授之一，著名新闻报刊活动家。他是近代中国当之无愧的思想启蒙者，可以说他也是深度参与了中国社会变革的伟大社会活动家。

梁启超自幼在家中接受传统教育，"八岁学为文，九岁能缀千言"，1889年中举人，次年赴京会试，未中。回粤路经上海，看到介绍世界地理的《瀛环志略》和上海机器局所译西书，眼界大开。同年结识康有为，投其门下，

后协助康有为，发动在京应试举人联名请愿的"公车上书"。维新运动期间，又赴澳门筹办《知新报》。他的许多政论在社会上有很大影响。后来，与康有为一起领导了著名的"戊戌变法"，在维新期间梁启超表现活跃，曾主持北京《万国公报》，又与黄遵宪一起办《时务报》，任长沙时务学堂的主讲，并著《变法通议》为变法做宣传。

在日本时，梁启超在《饮冰室诗话》《夏威夷游记》中推广"诗界革命"，批判了以往那种诗中运用新名词以表新意的做法，提出"以旧风格含新意境"的进步诗歌理论，在他的理论影响下，黄遵宪等一大批新派诗人出现了，对中国近代诗歌的发展起到了指导作用。

1918年底，梁启超赴欧，遍访西欧的同时，了解到西方社会的许多问题和弊端，所以主张光大传统文化，用东方的"固有文明"来"拯救世界"，归国之后他主要精力从事文化教育和学术研究活动，研究重点为先秦诸子、清代学术、史学和佛学。1922年起在清华学校兼课，1925年应聘任清华国学研究院导师，指导范围为"诸子"、"中国佛学史"、"史学研究法"等，他第一次将西方进化论学说引入中国学术思想界，并预言20世纪将是中西"两文明结婚"之时代，提出大力吸收西方进步思想、创造更加灿烂的中华新文化。在他的最为人熟悉的《少年中国说》中，他描绘了少年中国那美好的未来，并且激励少年们为中国的崛起而努力，"故今日之责任，不在他人，而全在我少年。"可以说他的许多文章都富有独特的历史视角和启蒙思想，令人深思。

1926年初到北京协和医院检查，诊断出右肾生瘤，医生在未查清病源的情况下，误割梁启超右肾。梁启超考虑中国西医尚未发达，仍

需扶持与推广，便将实情隐瞒。到了1928年11月他已不能伏案工作了，终于1929年1月19日病逝于北京协和医院。

政见总是改变也许是梁启超的一个特点，他曾是康有为的学生、助手，但最后他们还是分道扬镳，他曾与孙中山合作过，也对立过，梁启超对此解释道："这绝不是什么意气之争，或争权夺利的问题，而是我的中心思想和一贯主张决定的。我的中心思想是什么呢？就是爱国。我的一贯主张是什么呢？就是救国。"的确，他用他的一生不断践行着这一主张，为中国的发展不断探索着道路。

梁启超是中国近代学术的重要开拓者之一。梁氏的学术论著编为《饮冰室合集》，包括影响后世深远的《中国近三百年学术史》《中国历史研究法》等，这些著作对我国近现代学术研究产生了巨大而深远的影响。说梁启超是

中国近现代学术文化的重要开拓者和奠基人，

他是当之无愧的。

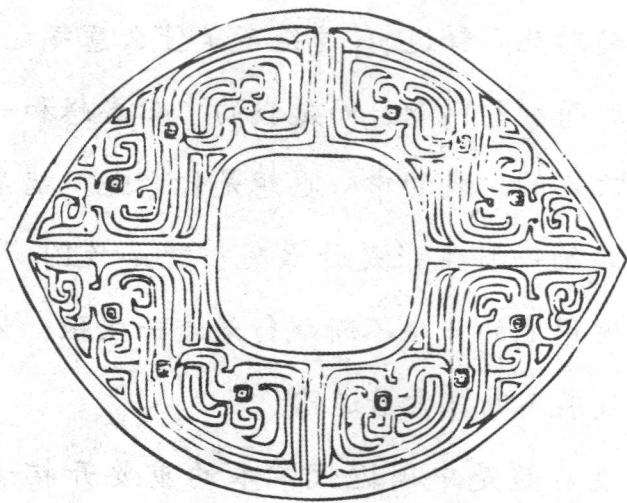

蔡元培

被毛主席誉为"学界泰斗，人世楷模"的蔡元培先生1868年生于浙江绍兴，字鹤卿，号孑民。近代民主革命家、教育家、科学家，十七岁考取秀才，十八岁设馆教书。戊戌变法失败之后，蔡元培认为由于没有革新的人才才会导致变法失败，于是1898年，他弃官从教，初任绍兴中西学堂监督、嵊县剡山书院院长、南洋公学特班总教习。

1902年，他组织成立中国教育会并任会长，均曾被推为总理。1905年参加同盟会，任上海分会会长。1907年赴德国莱比锡大学研读哲学、心理学、美术史等，同年他编著了《中国伦理学史》一书。这本书是用新体裁编著的中国伦理思想史，他还翻译了德国哲学家泡尔生的《伦理学原理》。在建立新德育方面，蔡元培做出了突出的贡献。

中华民国成立之后，他出任首任教育总长。他提出"以美育代宗教"这一著名口号，彻底否定了封建教育中"忠君""尊孔"的内容。1916年底，蔡元培任北京大学校长，他采取"囊括大典，网罗众家，思想自由，兼容并包"的方针，大量引进新人物，不拘一格引进人才。比如蔡元培看过二十四岁的梁漱溟一篇有关佛教哲学的文章之后，破格请他到北大任教，为此梁漱溟成了北大最年轻的教授。他倡导平民教育，首行男女同校。他开学术研究、思想自由之风气，改革北大体制，创办科研机构，他还支持日益兴盛的新文化运动，提倡白话文，赞成文学革命，反对封建复古主义，倡导以科学和民主为内容的新思潮。他的努力终使北大成为"五四"时期新文化运动的中心。在这里为中华民族保护了一批思想先进、才华出众的学者，更是涌现了无数的革命家，北大也因此成为了举世闻名的高等学府。

蔡元培还创办了中研院，摆脱了单纯介绍西方科技成就的局面，开始有了自己的研究成果，为我国的科学事业培养了人才，积累了经验。

1937年11月上海沦陷，蔡元培移居香港，1940年3月5日，这位推动并奠定了我国新式教育制度的基础，为我国教育、文化、科学事业的发展做出了开创性贡献的教育家不幸在香港溘然长逝。闻此讯后，全国不分政党派别，不论海内海外，同声哀悼。国民政府发出褒扬令，蒋介石亲自参加公祭，中共中央亦发表唁电表达哀思。

　　蔡元培这位学贯中西的学者、思想家用自己一腔报国之情、赤子之心，为中国的教育事业奉献了自己的一生。他的崇高品德和思想，值得后人学习，更是中国知识分子的楷模。

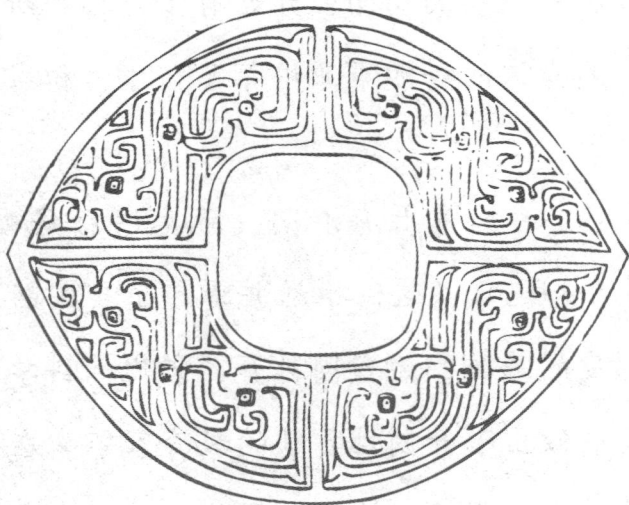

李大钊

　　李大钊，字守常，生于1889年10月29日，河北乐亭人。十六岁时考中了秀才，后转入永平府中学读书，从此开始接触新学，开阔了眼界。1907年考入天津北洋法政专门学校，1913年东渡日本，入东京早稻田大学学习。战乱动荡的年代，备尝艰辛的生活，使李大钊从小养成了忧国忧民的情怀和沉稳坚强的性格。1915年，日本提出灭亡中国的"二十一条"，他又参加留日学生的抗议斗争。起草《警告全国父老书》传遍全国，号召国人誓死反抗。

　　回国后，李大钊到北京大学任图书馆主任，

积极投身于新文化运动。俄国社会主义十月革命一声炮响，给中国人带来了马克思主义，极大地鼓舞和启发了李大钊，他以《新青年》和《每周评论》等报刊为阵地，相继发表了《法俄革命之比较观》《庶民的胜利》《我的马克思主义观》等大量宣传马克思主义的著作。1919年伟大的五四运动爆发，李大钊作为领导者，积极领导和推动五四爱国运动的发展。

1920年，李大钊与陈独秀相约，在北京和上海分别活动，筹建中国共产党。李大钊在北京大学组织一个研究会，专门研究讨论传播马克思主义，一批有志青年知识分子就是在他的影响下接受了马克思主义，其中包括青年毛泽东和周恩来。他还在北京多次会见共产国际代表。"南陈北李，相约建党"，成为中国革命史上的一段佳话。

1921年中国共产党成立后，李大钊负责党在北方的全面工作，并在党的三大和四大上当选为中央委员。在他的组织和领导下，先后发动了开滦大罢工和二七大罢工。1922年，他受党的委托在上海与孙中山谈判国共合作，为革命统一战线的建立做出突出贡献。

1926年3月，李大钊在极端危险和困难的情况下，积极领导并亲自参加了三一八运动，反对日本等国要求大沽口撤防，号召人们用五四的精神、五卅的热血，不分界限地联合起来，反对帝国主义和北洋军阀。李大钊的革命活动，遭到北洋军阀的仇视，他们下令通缉李大钊。1927年4月，李大钊同志在北京被捕入狱。他受尽各种严刑拷问，始终坚贞不屈，大义凛然，28日惨遭反动军阀杀害，牺牲时年仅三十八岁。

李大钊是我国最早传播马克思主义的人，是中国共产主义运动的先驱，他一生致力于开创和发展共产主义运动，他留下的思想遗产不可磨灭，他大无畏的精神一直鼓舞着后人。作为中国人民的优秀儿子，李大钊同志的光辉业绩、崇高的革命精神和伟大的人格力量，是我们学习的榜样。

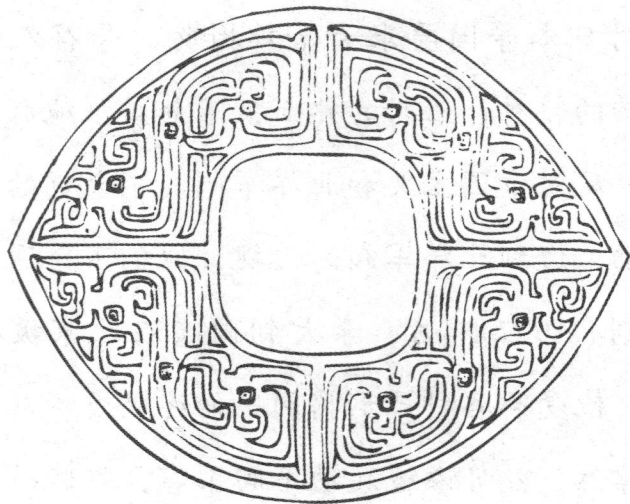

鲁迅

　　鲁迅，浙江绍兴人，本名周树人，字豫才。鲁迅出身于浙江绍兴一个旧时官僚的大家族，由于一场变故，周家由小康转入了困顿，鲁迅的父亲又卧病不起，而这时鲁迅只有十三四岁。他每天都要奔走于药铺与当铺之间，花了无数的钱，父亲的病仍未医好，不久就离世了。家道的衰败使鲁迅认识到了世态炎凉，他决定"走异路，逃异地，去寻求别样的人生"。于是，1898年鲁迅进入了江南水师学堂，在这座由洋务派官僚张之洞创办的新式学校里，鲁迅接触到了数学、化学等自然科学，其中最令鲁迅感兴趣的还属达尔文的进化论。

1902年4月，鲁迅得到了留学日本的机会，1904年初，入仙台医科专门学医，希望用学医增强国民体质，摆脱"东亚病夫"的帽子。在日本留学期间，鲁迅看到一部纪录片，片中记录了中国人在面对日本人斩杀同胞时的冷漠与麻木。看过之后鲁迅大为震惊，这时他已认识到，精神上的麻木比身体上的虚弱更加可怕，知道学医无法改变中国积贫积弱的现状，从而弃医从文，希望用文章的教化来改变国民精神。

1918年5月，他第一次以"鲁迅"为笔名发表中国现代文学史上第一篇白话小说《狂人日记》，小说逼真地描写了一个"狂人"的心理活动，形象地揭露和控诉了中国几千年"吃人"的历史，大声疾呼："救救孩子！"随后又发表《孔乙己》《药》等小说，都是以揭露封建礼教吃人为主题。

1921年鲁迅发表《阿Q正传》，成功地塑造了一个有"精神胜利法"的生动不朽的阿Q，总结了辛亥革命失败的历史教训，反映了长期处于封建统治下的农村和下层农民的愚昧现状，从而揭露国民性。《阿Q正传》是白话文小说的经典，在中国现代文学史上有不可动摇的地位，是一部经典的作品。

　　鲁迅还创作了大量的散文，著有《朝花夕拾》《坟》《华盖集》等，在这些散文集中，鲁迅表达了自己忧国忧民的思想，对中国黑暗社会的种种丑恶现象进行了无情的批判。1927年，鲁迅抵达上海，先后主编了《语丝》《奔流》《朝花》等文艺刊物。

　　1936年10月19日，中国文化革命的主将、新文化运动的旗手鲁迅停止了呼吸。上万人参加了他的葬礼，他的棺盖上覆着绣有"民族魂"的大旗。

　　鲁迅是一位文化巨人，他一生笔耕不辍，以文为刃，在那样一个混沌的时代，为新文化的传播、民族的新生，奉献了他毕生的精力。我们的民族应该庆幸拥有鲁迅，是他用他的文章，他的为人，他的精神深刻地影响着一代又一代的知识分子，而他也是当之无愧的"民族魂"。

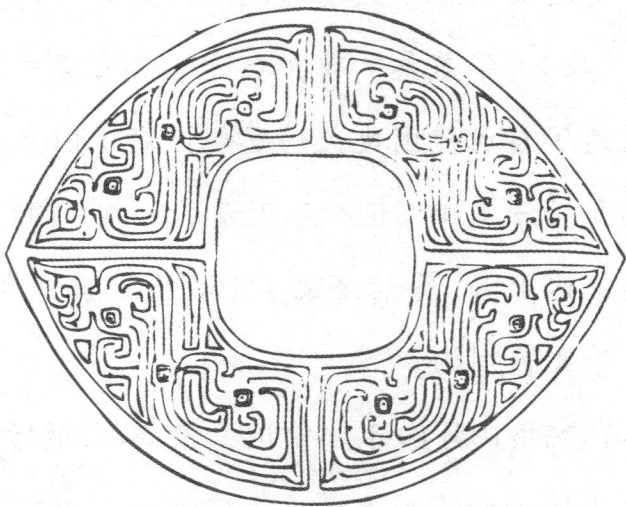

孙中山

　　孙中山，1866年11月12日生，广东香山县（即中山市）翠亨村人，出生于农民家庭。青少年时代受到广东人民斗争传统的影响，向往太平天国的革命事业。孙中山是中国伟大的民主革命先行者，为了改造中国耗尽毕生的精力，在历史上建立了不可磨灭的功勋，在政治上也为后继者留下珍贵遗产。

　　1894年6月，孙中山到天津上书李鸿章，要求改革时政，被置之不理。后遂赴檀香山，在华侨中宣传革命。这年11月24日，他在檀香山建立兴中会，提出了"驱逐鞑虏，恢复中国，创立合众政府"的主张。此后他在海外十六年，先后五次环游世界，在华侨中广泛宣传革命，建立革命组织。

1905年8月，中国第一个资产阶级民主革命政党——"中国同盟会"在东京成立，孙中山被一致推举为总理。在同盟会机关报《民报》的发刊词里，孙中山首次提出了"民族、民权、民生"三大主义，即"三民主义"的政治纲领。

以孙中山为首的革命党人，积极发动武装起义。孙中山直接领导的起义有1907年5月的黄冈起义、6月的七女湖起义，9月的防城起义、10月的镇南关起义，1908年2月的钦州起义、4月的河口起义，1910年2月的广州新军起义以及1911年4月27日（阴历三月二十九日）的黄花冈起义，加上1895年的广州起义和1900年的惠州起义，孙中山在辛亥革命前共领导了十次武装起义。这些起义虽然失败，却唤醒了中国人民，敲响了清王朝的丧钟。

1911年10月10日，武昌起义爆发，孙中山在美国闻讯，立即在欧美各国开展外交活动，争取各国的支持，并于同年12月25日回到上海。12月29日，在南京举行的十七省代表会议上，孙中山被推举为中华民国临时大总统。

1914年7月，他在东京成立中华革命党，被推举为总理。1915年10月25日，孙中山与宋庆龄在日本东京结婚。1917年9月1日，孙中山当选为中华民国军政府大元帅。军政府成立后，滇、桂军阀通过改组军政府排挤孙中山。1918年5月4日，孙中山向非常国会提出辞职，赴上海。孙中山在上海完成了《孙文学说》《建国方略》《建国大纲》等著述。为了建立一支真正的革命力量，1919年10月，孙中山把中华革命党改组为中国国民党。1920年10月，孙中山督促陈炯明率粤军攻克广州。11月，孙中山回到广州，重新护法军政府。1921年5月，孙中山在广州就任非常大总统，成立正式政府。

1922年6月，陈炯明发动叛乱，孙中山被迫离开广州再赴上海。此后，孙中山接受了中国共产党和苏俄的帮助，提出联俄、联共、扶助农工的三大政策。1923年初驱逐陈炯明后，孙中山在广州重建大元帅府，并派出"孙逸仙博士代表团"访问苏联，邀请苏联政治和军事顾问到广州帮助中国革命。1924年1月在广州召开了中国国民党第一次全国代表大会，通过党纲、党章，重新解释了三民主义，同时创办黄埔军官学校，训练革命武装干部。

1925年3月12日孙中山在北京逝世，1929年6月1日，根据其生前遗愿，将陵墓永久迁葬于南京紫金山中山陵。